くうきをつくる

青木淳

王国社

目次

I

継ぎ目がないのに切れている

無事、リニューアル工事が終わり、2020年3月21日に開館予定だった京都市美術館（通称：京都市京セラ美術館）。しかし、新型コロナウィルスの感染拡大で開館が延期。4月5日までの会期だった「最初の一歩：コレクションの原点」展と「STEAM THINKING――未来を創るアート 京都からの挑戦」展の2本の展覧会が、とうとう日の目を見ないまま終わってしまった。出品者や関係者の無念は計り知れない。今日は4月15日、まだ開館の見込みは立っていない。

竣工したこのリニューアルを見て、「フォトショップですね」と言った人がいた。私たちの事務所のOBである高橋堅さんである。懇切丁寧に説明をしてくれる人物ではない。しかし何を言いたかったのかは、だいたいわかる。たぶん、こんなことではないか。

私たちは常日頃、Adobe Photoshopを使って、画像を加工・編集している。色を補正する。背景の写真に設計した建物のレンダリングを貼り込む。テクスチュアを入れ替える。ぼかす。変形する。形を加える、あるいは消す。そうやって、まだ構想中の、頭のなかにだけある建物を、まるで実現したかのように見せる画像をつくる。それで案の良し悪しを判断する。

こうしたフォトショップの作業は、貼り合わせを基本としている。その意味で、これは「コラージュ」の一形態である。とはいえ、そのコラージュは、摩擦のない連続を指向しているという点で、不連続性を特徴とする本来のコラージュとは逆の方向にある。

コラージュ――切断され重ねられるレイアー

そう、もともとのコラージュは、1912年、フランス語の「糊で貼る」の意味の言葉に、ピカソがもっと大きな意味を与えたところから始まった。たとえば、キャンパスに、籐椅子のテクスチュアを施された防水布を貼る。新聞の切れ端を貼る。様々な要素を、それらがもともと属していた文脈から切り離し、別の文脈に移す。レイアーを重ねる、と言ってもいい。そのことで、貼られる側と貼って乗っかる側の、その両方が属する異なる文脈を、同時に、意識に上らせる。

これが、コーリン・ロウが「透明性─虚と実」(1963年)で定式化した「虚の透明性」の意味だ。透明とは、前にあるものが後ろにあるものを遮蔽しないで見せているという状況のこと。手前に貼られた新聞の切れ端で後ろの画面が隠されていれば、それは文字通り(リテラル)には不透明。しかし、もしそこに文脈の異なる複数のレイアーが同時に存在していることを感知できれば、それは現象として(フェノメラル)は透明。虚の透明性とは、このことを言う。

いずれにせよ、キュビズムは、コラージュによって、1枚からなる均質なレイアーの世界を破壊し、独立した複数の異なるレイアーが不連続にしかも前後の関係さえ定かでないあり方で重なる、「切断」の世界を切り開いたのだった。

1930年代のシュルレアリスムもまた、重なりによる異質性を、意味のレベルで行おうとした。要素それぞれの背景にある意味の文脈を、ずらし（デペイズマン）、混淆させた。もっとも有名な例は、ロートレアモンの「解剖台の上のミシンと蝙蝠傘の偶然の出会いのように美しい」であり、マックス・エルンストの一連の作品だ。

バラバラなものが、バラバラなままある、という美学は、こうしてキュビズムあたりから、コラージュとともに始まるのだが、それは一方で、断片化した世界を受け入れ、かつそれに魅せられつつ、それと同時に、その先に広がる新たな統一性を目指す方向性を孕んでいた。その矛盾が原動力となって展開する運動だった。ラウシェンバーグのコンバイン・ペインティングもこの流れにあっただろう。

建築の世界に目を向ければ、そのはしりは、ブルーノ・タウトの『アルプス建築』（1918年）あたりの表現主義に見られるし、先のコーリン・ロウの「透明性―虚と実」は、ル・コルビュジエの初期建築を、まさにキュビズムの冒険の直系として位置づけたものだった。もっと後には、ロバート・ヴェンチューリが『建築の多様性と対立性』（1966年）で、モダニズム批判の上に立って、「様々なものを受け入れる困難な統一性」への道を宣言し、時代はポスト・モダニズムに流れ込んで行った。そしてその流れの帰結として、雑多な断片化された要素が寄せ集められ、歪まされ、アンバランスなバランスでかろうじて成立する美学が、1988年のMOMAでの「脱構築的建築」展で完成した。いわゆる「デコン建築」である。

『映像研には手を出すな！』──接続と切断の同居

それから30年経った今、私たちはもはや、デコン建築の「バラバラなものが、バラバラなままにあることの美しさ」を切実なものとして感じるほどには、ナイーヴでなくなっている。間には、デコンどころか、デストラクションの時代が挟まっている。ネット社会の、どこまでも摩擦なくつながっていこうという接続拡張の時代が挟まっている。

そんなことの先に、今たとえば、現実の世界とアニメ設定画の世界という、2つのバラバラな世界から成る『映像研には手を出すな！』がある。いや、金森や浅草や水崎はアニメ内のキャラクターなのだから、私たちの現実の世界がまずあって、その向こうに彼女らが通う芝浜高校というアニメ世界があり、さらにその向こうに彼女たちが制作するアニメ世界がある、という3つのバラバラなレイアーが重なっていると言ったほうがいいかもしれない。ここでは、それら階層の異なるそれらのレイアーが、継ぎ目なく、摩擦なく、つながっている。設定画を見ていたつもりが、いつの間にか設定画の中で動き始める。これを、アクチュアルな世界とヴァーチャルな世界の混淆と言うこともできる。でも、それが起きているのがそもそも、アニメというひとつのヴァーチャルな世界の中でのことなのだから、むしろ大切なのは、そのときのレイアー間の継ぎ目のない移行の方である。

継ぎ目がない。しかし、それだけではない。そうであっても、レイアーの区別は消えていない。視線をちょっと横にずらせば、あっと言う間に別のレイアーが視界に飛び込んでくる。像そのものは重なっていない。このようなレイアーのあり方は、虚の透明性とは違う。レイアーは滑らかに接続されている。しかし、それは同時に切断されている。

摩擦なく、もう1枚のレイアーを、重ねること

継ぎ目を消すこと、摩擦をなくすことは、振り返ってみれば、この美術館のリニューアル設計作業の根幹にあるものだった。

この建物には、1933年創建当時の「日本的趣味」を湛えた威容として捉えられていたレイアーがある。敗戦から1952年までの連合国軍接収時代の、大陳列室が単にその空間の大きさから体育室と捉えられたレイアーがある。戦前の軍事体制批判から、この種の建物が「帝冠様式」とネガティブに呼ばれるようになった時のレイアーがある。その前広場で、その姿を背景にして、積み重ねられた段ボールが時とともに崩壊していく作品「Tardiology」を制作した、1969年の野村仁のレイアーがある。数限りない団体展を80年あまり重ね、京都の美術のあるひとつの側面とともにあったレイアーがある。幾重にも重なるそうしたレイアーを「過去」とひとくくりにして、そこに現代を対置させるのはあまりに乱暴だ、と私たちは感じたのだった。

私たちは、その代わりに、埋もれてしまい見えなくなってしまっているいくつかのレイアー

を発掘して生き返らせつつ、それらの分厚い束に、ほんの1枚、レイアーを重ねようとした。多勢に無勢。その状態をつくりだすために、際立つ一枚ではない、気がつくかつかないか、そのギリギリのところにとどめた薄いレイアーを、摩擦なく、重ねようとした。

接続しつつ切断する

しかし、それは滑らかな接続であると同時に切断でもあった。

たとえば、「ガラスリボン」。既存本館は、三層構成の立面になっているが、基壇部が小さい。その下に、水平方向に伸びるガラスリボンが加えられる。下手をすれば、もともと腰高だった建築を、これまで以上に不安定に見せてしまう。それではうまくいっても、「新旧の対比」という、「バラバラなものが、バラバラなままにあることの美しさ」の劣化ヴァージョンでしかない。

私たちは、そういう方向ではなく、ガラスリボンを、立面全体としての安定感を与えるもの、既存本館の基壇を構成上補強するものとして、境にあるスラブ厚を細かく調整して、違和感なく挿入しようとした。それは、滑らかな接続である。しかし、既存本館を見上げていた視線を下に徐々に下ろしていくと、いつの間にか、視界が今まで存在していなかったガラスの世界に切り替わる。視線の移動が、そこにある切断を感知させる。

北東隅の、川﨑清による1972年の収蔵庫棟を解体し、新たに「東山キューブ」として建て替えた。この収蔵庫棟は、基本設計のプロポーザル段階では残存することとされていたし、私たちの提案もそこには手を加えていなかった。それが基本設計中に建て替えることになったのは、設計がはじまってから行われた地盤調査で、地下水位が想定以上に高いことがわかり、地下躯体の最小化という課題が出てきたからだ。対処案をいくつも検討した。その結果、すでに機械室への雨漏りに直面し将来的に建て替え予定だったこの建物を、今回の工事予算内で改築することがもっとも合理的であると判断されたのである。川﨑清は、収蔵庫棟を、ルルドの「聖ピオ10世地下聖堂」に倣って、建築というよりも東山を望むテラスとして半地下化していた。しかし今回の改築では、新たに1000㎡の現代美術ギャラリーを加えなければならない。本館の中庭を元に戻すために、それを潰して設けられていた空調室外機の新たな置き場も作り出さなければならない。だから、改築後の建物は、地上にはっきりと姿を現われる。その明らかに新しい「新館」レイアーを、どのように「旧館」レイアーに、摩擦なく接続することができるか。

既存本館外壁と同じ煉瓦タイルで仕上げれば、もっとも摩擦が少ない。しかしそれでは実体を偽ることになる。だから、違うけれど同じという両義を、視点によって切り替えようとした。遠目には旧館の延長に見える。しかし近づいていくと、まったく新しいテクスチュアであることがわかってくる。必ずしも旧館に溶け込ませようというのではない。しかし、まったく新しいものとして際立たせるのでもない。その両極の間で、微妙に接続と切断の間を揺れ動くようにした。

室内のリニューアルでも、接合と切断とをどのような塩梅で交錯させたらいいか、私たちは、その検討に多くの時間を費やしたのだった。

視線を巡らせば別の世界

数多くのレイアーが重なり合っている。今回、加えられたリニューアルも、その1枚のレイアーだ。どのレイアーの上にもある像が描かれている。逆に言えば、ある像ごとに、それが描かれているレイアーが違う。まるで、アニメのセル画のよう。創建時の姿という背景画の上に、その時代その時代の、透明シートつまりセル画が重なっている。セル画に描かれる像は、基本的には不透明塗料で彩色されているから、上に乗ったセル画の像によって、それと重なる下の像は隠される。たとえば、創建当時の既存本館の中庭の像は、後に空調設備を導入した時代のレイアーの空調室外機という像で隠されていた。今回のリニューアルでは、その後の時代のレイアーから、空調室外機の像を消去して、創建当時の姿を見えるようにした。

これまでに積み重なっていたレイアーを整える。その一方で、新しいレイアーを重ねる。違和感なく、摩擦なく、継ぎ目ないように。しかし建築というアニメの世界は、物理的に言って、通常のアニメより、はるかに大きいから、一眼で全貌を掴めない。ひとつの視点からは、ある限られた数のレイアー上の像しか見えない。歩き回る、あるいは視線を巡らす。すると、いつの間にか、別のレイアーが目に入ってくる。その切り替わりで、その世界がバラバラのレイアーから成り立っていることが、体に滲みいってくる。

「杉並区立大宮前体育館」ができたとき、「設計はパフューム の調合に近づいていくような気がする」と書いた。調合とは、たとえばこんな手探りの、接続と切断の操作のことだ。

その意味で、文化遺産であるこの美術館のリニューアルには、いわゆるマニュアルがない。もちろん、新旧は区別しつつ調和を求めた。介入を最小限にとどめようとした。可逆性に配慮した。折り重なるすべての時代をリスペクトした。しかし、そうしたことすべての上に、丸腰で臨んだ私たちの「設計」があった。

そうしてできたこのリニューアルでは、訪れる人によって、また時によって、これら切断されたレイアーからそれぞれが紡ぎ出す物語は異なるだろう。私たちは力を行使して来訪者をコントロールする代わりに、その逆の自由、つまり「はらっぱ」をめざしていたのだと思う。

像を重ねること

京都市美術館が全面改修されることになり、その設計をしている。始めたのは２０１５年の夏で、着工は２０１８年１月初め、現在は工事のため閉館中である。リニューアル後の最初の展覧会は、２０２０年春に予定されている。

京都市美術館の建築は、現存する日本の公立美術館のなかでもっとも古い。開館は１９３３年。「東京府美術館」、今の東京都美術館は、それより早い１９２６年にオープンしたが、こちらはそのときの建築が残っていない。

１９３３年と言えば昭和８年、まだ大日本帝国の時代である。当時は、いわゆる「帝冠様式」と呼ばれる建築様式が流行していた。愛知県庁舎や、東京の今は九段会館と呼ばれる軍人会館と並んで、この京都市美術館もその様式でつくられている。ルネッサンス期に確立された西欧古典主義様式の建築の上に、和風の屋根を、唐突に載せるつくりである。

この帝冠様式、建築の世界では、少なくとも私が学生の頃には、評判が悪かった。第二次世界大戦敗戦後、過去の日本を否定し戦後民主主義を進めようとする時代にあっては、伝統主義、なかでも日本趣味は否定の対象だったからである。しかも戦前のその流行と同じ時期に、伝統的建築様式を捨て、現代を生きるまったく新しい建築をつくろうという近代建築運動が興隆しつつあり、帝冠様式はその運動が対抗すべき相手でもあった。ましてや、とってつけたような日本趣味、である。それは、建築が大事にしてきた、隅々まで行き届く首尾一貫性をひとつの建築のなかに追い求める意思を蔑ろにするものだった。

帝冠様式vs近代建築という図式が崩れだしたのは1985年頃だったと思う。近代主義は、特権階級のための社会ではなく、市井の人々のための社会を求める運動として興った。しかし、本当に民衆のための社会であり、建築だったのか疑わしくなってしまうくらいに、行き詰まり、そもそもの近代建築が疑問に付されてきたのである。新しい社会のための建築であるために、既成の価値観を捨て、装飾を剥ぎ取り、合理性・機能性から建築を再編しようとした。だが気がつくと、身の回りには、おもしろみのない画一的な世界が広がっているばかり。近代建築はあまりに禁欲的で、人間を抑圧する非人間的なものだった。

歴史は一巡し、すべての様式が等価に見えてきた。いわゆるポスト・モダンと呼ばれる時期である。

以降、私たちは、西欧の古典主義建築と日本の過去の様式の取り合わせにも、さほどの違和感を感じなくなっていく。今では、京都市美術館に様式の混乱を見る人は少ない。むしろ、どこか西洋的な香りが漂う古く威風堂々とした建物とポジティブに感じる人が大半になっている。建築は動かず、変わらない。その固定点を、人々の生が通り過ぎ、その時間の経過のなかで、それを見、経験する像が積み重なっていく。像は、時代によって異なり、人によって異なり、ときに反目し変容しつつ、重なる多重露光となって、建築に襞を与え、建築を鍛える。これがひとつの建築が85歳を生きてきたということの意味である。

京都は、老朽化したこの市立美術館をいまの美術館に求められる基準に適応させるために、建て替えるのではなく、「再整備」することにした。

偶然なことに、私はその判断を知る直前に、京都市美術館を訪れている。2015年春に開催された「PARASOPHIA：京都国際現代芸術祭」を観に行ったのである。そして、その空間が、現代美術の展示にとてもフィットすることに驚いた。

ふだんは、館のあちこちで、いくつかの団体展が同時に開催されている美術館なので、全展示室を回って観た記憶はない。しかしこのときは、全空間をつかった展示で、その空間の凄みを感じた。中央には大きな吹き抜けの「大陳列室」があって、蔡國強の作品がのびのびと展示されていた。その左右2階分の、ぐるり一周まわる回廊式の展示室は、単純な幾何学でできているのに、巨大迷路に迷い込むようだった。南玄関の下の地下空間では、接収時代に——この美術館は、第二次世界大戦後、1952年まで米軍に接収されていたのである——靴磨き部屋として使われていた小部屋があって、その英字のサイン板を見ることができた。発掘すれば、秘密の空間が次々と出てきそうだった。

なかでも印象に残ったのは、神宮道に面した広々とした前庭から玄関に入り、そのまま進むと体育館のような——実際に接収時代には体育館として使用されていた——大陳列室に出、さらに進むと後ろの玄関があって、その先に東山を望む日本庭園が待ち構えていたこと。そんな素晴らしいシークエンスを与える軸線が、この美術館には埋蔵されていたのだった。

それからしばらくして、「再整備」の設計者を選ぶ設計競技が開かれることを知った。とっさに、いまの美術館はそのまま残されるべき、と思った。ある意味でその姿も空間も変える必要はない。過去を過去としてひとくくりにせず、それをさまざまな像が重なったものとして捉えること。そうすれば、新旧のコントラストというような暴力的な建築手法は出てこない。この美術館に堆積したまま未現像のままに残されている像を、丁寧に拾い上げ現像して、返すこと。それが、この美術館を引き継ぐ私たちの役割だと思ったのだった。

青木淳は京都市京セラ美術館をどこに導くのか

いまからおよそ80年前の1933年、日本で二番目の公立美術館として開館した京都市美術館。この美術館が2020年、「京都市京セラ美術館」として新たな門出を迎える。

同館では、2017年より大幅な改修工事を実施。帝冠様式の重厚な本館の雰囲気を残しつつ、ガラスのファサード「ガラス・リボン」や新館「東山キューブ」など、様々な改修を経て、現代の美術館としてアップデートされた。

この改修工事を指揮したのが、青森県立美術館などの設計で知られる建築家・青木淳だ。青木は2019年4月1日付で京都市京セラ美術館の新館長にも就任。リニューアルを手がけた建築家が館長となるのは異例のことだ。青木はなぜ館長職を引き受けたのか？ またこの美術館をどこに導こうとしてるのか？ 竣工した館内で話を聞いた。

きっかけは「PARASOPHIA（パラソフィア）」

――まずは建築家としての青木淳さんにお話を伺います。そもそも、改修前の京都市美術館についてはどのような印象を持たれていたのでしょうか？

僕は小学校のある時期、大阪の豊中にいたんですね。京都市美術館は僕が見た初めての美術館で、「美の殿堂」という印象だった。「重くて暗い」イメージです。どちらかというと「博物館」のイメージに近いかな。

それ以降、僕は東京に移ったから、京都市美術館をちゃんと見ることはなかったんです。転機は２０１５年の「PARASOPHIA（パラソフィア）：京都国際現代芸術祭」〔＊〕なんですよ。あの時たまたまここに来て、展示を見て、「これいい美術館じゃん」って思った。

――「再発見」したようなものですね。

PARASOPHIA以前にもちょっと立ち寄ったことはあったんだけど、全館を使った状態で見たことはなかったんですよ。PARASOPHIAでは、大陳列室で蔡國強さんがインスタレーションを展示していて、名和晃平さんが美術館の東と西の玄関にサインの役割を持つ作品を出してましたよね。東玄関のドアは開け放たれていて、そこにカフェスペースがあったから来館者がコーヒーを飲んでいるっていう状態。「え、こんなにいい空間があるんだ」ってそのとき思ったんです（笑）。

――PARASOPHIAで京都市美術館はフル活用されていましたよね。美術館の過去の歴史を紐解く作品もありました。

そうそう。南玄関の地下では、この美術館の歴史のスライドショーを見せてたりね。もうとにかく全体が見えて、「現代美術でも全然ＯＫじゃん」と思える空間だったわけです。

それでそのあとに美術館改修のプロポーザル・コンペの要項が出た。これはある意味簡単で、「いまのままでいいんだから、なるべく現状を維持してリニューアルすればいい」と。ただひとつ大きかったのは、「東西の玄関を開けて通過できるようにしなきゃいけない」ということ。これはPARASOPHIAの影響が大きかったですね。それだけで美術館の印象が大きく変わるんだから。

――PARASOPHIAで東山が館内から見えていたことは、リニューアルにも大きな影響を与えてるんですね。

そうですね。それができたらほとんどOKみたいな(笑)。

美術館の歴史は、この80年で大きく変わりましたよね。80年前は限られた人、特権階級が見にくる、特別な場所だったわけです。それが時代の変化とともに、みんなが見にくる場所に変わってきたでしょ。そして現代は「開かれた」――という言い方でいいと思うけど――美術館になってきた。

エントランスホールのそばにミュージアム・ショップがあるのが当然だし、カフェも必要。だけどこれまでの京都市美術館にはそういう空間がなかったわけです。エントランス(西玄関)は入ったらすぐ階段だった。格好いいけど「溜まり」がないですよね。それを今回の改修ではロビーをつくって、ショップやカフェも入るようにした。これは、美術館へのアクセスを良くするという機能を持ちます。そうすると、西玄関の下にエントランスをつくるしかないんです。そこを神宮道とスロープでつなぐと。

——ビジョンが最初から見えていたわけですね。

PARASOPHIAのおかげでね。あれを見たから、この美術館の良さと課題、そして求められるプログラムも見えた。だからプロポーザルの答えはひとつしかないと。だから逆に案を出すときすごい不安だったんです。みんな同じ答えだから、勝てないかもしれないと(笑)。

美術館は使われてるときしか空間じゃない

——しかし見事にコンペを勝ちとりました(笑)。青木さんにとって、美術館建築の設計は一般の建築とどう違うのでしょうか？

一番大きな違いは「美術館には展示室がある」ということですね。皆さん、この展示室を空っぽな状態、何も展示されていない状態で見ることはまずないでしょ。ということは、僕たち建築家は、設計したありのままの状態を見ていただくことがないんですよ。使ってる状態でしか見てもらうことはない。

でも建築って全部そうで、使われている状態が見られる。美術館はとくにそれがはっきり現れていて、使われてるときしか空間じゃないんですよ。僕は磯崎新さんのところで働いていたけど、最初は美術館の設計はやりたくないなと思ってました。美術は好きだったけど、美術館って設計しても、その空間が目的じゃなくて、使われた状態が目的だから。

——とはいえ、青木さんの青森県立美術館もそうですが、いまでは世界的にも有名建築家が美術館をつくるというのはスタンダードになってきていますよね。

建築家は大きくふたつのタイプ――「美術館は展示室が重要」という人と「展示室は重要じゃない」という人に分かれるんですよ。前者は、美術と空間がどういう関係にあればいいのかというところから建築を考える。いっぽう後者は「展示室は学芸員の言う通りにつくればいい。重要なのはロビーだ」と考える。「現代の美術館は建築家がやりますよね」って言われたときに、後者の場合が意外と多いんですよ。

――青木さんは前者ですよね？

僕は水戸芸術館で現代美術ギャラリーの設計を担当したのですが、その頃は中原祐介さんが芸術監督で、長谷川祐子さんが学芸員として在籍していた時代。そういう人たちと喧喧囂囂、どういう空間がいいのかを話しあってつくった。そういう意味で、あの経験はすごく大きい。水戸芸術館現代美術ギャラリーの空間は、日本で「ホワイトキューブ」をちゃんとした意味で初めてつくったケースじゃないかと思いますよ。

それが1990年のことで、それ以降、美術館とか美術に関わる仕事がしたいなあと思ったのね。だけど美術館の仕事ってこないんです。建築家ってつねにそういうもので、「これやりたい」って思ってもそうそうこない。そこから10年後の2000年に、やっと青森県立美術館で選ばれたんです。だからあのときは、いかに水戸芸術館で学んだことを考え直すかということを考えていた。そこで思ったんです、「美術館はもうホワイトキューブではないな」と。「ホワイトキューブ」っていうのは、アーティストにとっては安全な空間。空間との格闘がないですよね。むしろ元発電所のテート・モダン（ロンドン）とか、元学校のMoMA PS1（ニューヨーク）のほうが面白かったりするわけです。みんなもともと違う機能を持ったもので、ホワイトキューブじゃない。

だから青森のときは、どうやって美術館をただのホワイトキューブじゃない空間にするかということ考えた。それが10年間の差だと思います。

青森の竣工は2005年。またそれから10年経って、今度は京都市京セラ美術館でしょ。この10年の間に、時代はまた変わってきた。美術館の展示室は重要だけど、むしろ「美術館って何」っていう、もっと大きい問題が出てきたんですよね。

さっき言ったように、美術館は本来、特権階級のための美の殿堂だった。その後は、みんなが美術をわかるようにするための啓蒙教育機関として機能してきた。いまの美術を考えたとき、そういう美術館もあっていいんだけど、いっぽうでは日常生活そのものから湧いて出てくる文化そのものをアートとして扱うやり方もあり得ると思うんです。

京都という街は、素晴らしい生活文化を持っているところ。古くはお茶であったり、現代ではアニメーションであったり、いろんな生きてるものがある。そういうものを分け隔てなく扱っていくという意味で、美術館を「開かれた美術館」としてとらえ直したほうがいいだろうと思ったんです。美術館の展示室だけが重要というのではなく、美術館という与えられた空間全体にうまく「気」が回ること。そしてそれが外とつながることがすごく重要。

もともとあったものを否定するんじゃなくて、あったものに新しいものが重なるようにつくっていくことができないかなと、努めて優しい方法のリノベーションを目指しました。優しいリノベーションは地味だからあんまり評価されないけど、これからは目立つことをやるよりも、いつの間にか変わっちゃってたっていうほうが面白いと思うんですよね。この美術館では、美術館という制度のための空間がどうあればいいのかなっていうことを考えたんです。

「館長」ではなく「ディレクター」でありたい

——制度設計のことまで考えてらしたんですね。では館長になろうと決めた理由はなんだったのでしょうか？

僕が手を挙げたわけじゃないんですよ。2015年くらいからずっと、この建物をどう改修していくのがいいんだろうかと考えてきたでしょ。それまであったものを壊すわけじゃないけど、新しいことをやらないわけじゃない。そういう微妙なバランスで建築のことを考えると、それは当然ソフトにも絡むんですよ。基本、建築はハードだから、ソフトから要望を聞いてつくるんだけど、要望を返すこともできるでしょ。「なんでそうなの？」とか「こういう空間だからこういうことができるんじゃない？」とか。

そういうやりとりを見てくれてたから、館長の声がかかったんだと思うんです。もちろん最初は「とても僕の仕事じゃないからやれません」とお断りしたんですね。でもある人が「やれると思う」と言ってくれたから受けることにしたんです。

じゃあ館長になって何をするのか。京都市京セラ美術館は、いままでの美術館とは違う美術館に変わろうとしている。だから、いままでの美術館の中の人はやりにくい。いっぽうで新しく入った人たちは前の美術館のことをよく知らない。既存部と新しい部分をどう固めるのかーー建築と同じ問題がソフトでも起きてるなと思ったんです。だからこれについてはハード・ソフトの区別なくやってみれば役に立つかもしれないと。僕が館長になるってことは僕にとって冒険かもしれない。京都市にとってはもっと冒険かもしれない(笑)。

ーー冒険かもしれませんが、希望でもありますよね。いま「ハードとソフトの区別なく」と仰しゃったのが印象的でした。新館として「東山キューブ」ができて、現代美術もやっていこうというのは、これまでの京都市美術館にはなかった挑戦です。

僕は自分を「館長」ではなく「ディレクター」だと思ってるんです。僕が展覧会の企画をするわけじゃないし、僕が発案するわけじゃない。関わってくれる人たちみんなが「自分はこうしたい」「この美術館はこうしたらいいんじゃない」というものを持っていて、それがぶつかる。そのぶつかるものをまとめる、いい方向になるようにしてつくっていくというのがディレクターの仕事でしょ?

ーー海外では館長＝ディレクターですが、日本ではあまりそういう雰囲気はないですね。先ほど、「開かれた美術館」と仰しゃいましたが、これはソフト面でも開かれていくことを目指すというお考えですか?

そうですね。展覧会だけじゃないことをしたい。できたら京都の生活のなかにあるものをここで展開できる方法を探したいと思っているんです。この美術館は1000平米の展示室が5つあって、ひとつが常設展。そこを公募展や共催展などでも使います。ただ、この1000平米というのは広いんですよね。そうではなく、もっと小さな空間で、テンポラリーかつスピード感のあることがやれないかと考えているんです。

ただ、僕が館長として「これやりなさい」と言うわけにもいかない。スタッフみんなが面白いと思ってくれれば上手くいくと思います。

——最後に、青木館長が考える「いま、あるべき美術館像」を教えて下さい。

やはり「つくる現場に近いこと」だと思います。作家がアトリエでつくったものがあって、それを美術館に持ってくるというのがこれまでだった。そうではなく、作家がこの空間でつくって、初めて生まれたものを扱うようなアクティブな場所になればいいと思います。

アメリカの美術館の人と話をすると、いかに市民と美術館の活動を一体化できるかを頑張っているんです。そうじゃないとお金が集まらないというのもあると思うけど、それが美術館の本来の姿かなと思うんですよね。だから僕はつくる現場と市民を近づけたい。それが美術館のやることかなと。それは決してアグレッシブな話ではなく、ちょっとやり方を変えれば実現できる。そのきっかけを、この美術館でつくれたら面白いですよね。

＊「PARASOPHIA」は、京都市美術館を中心とする市内各所で行われた芸術祭（2015年3月7日〜5月10日）。アーティスティックディレクターを河本信治が務め、ウィリアム・ケントリッジ、蔡國強、田中功起など国内外36組のアーティストが参加した。

❶西玄関　❷大陳列室　❸東玄関　❹南玄関　❺北玄関　❻1階南展示室　❼1階北展示室　❽収蔵庫棟　❾日本庭園　❿管理棟　⓫大鳥居　⓬神宮道

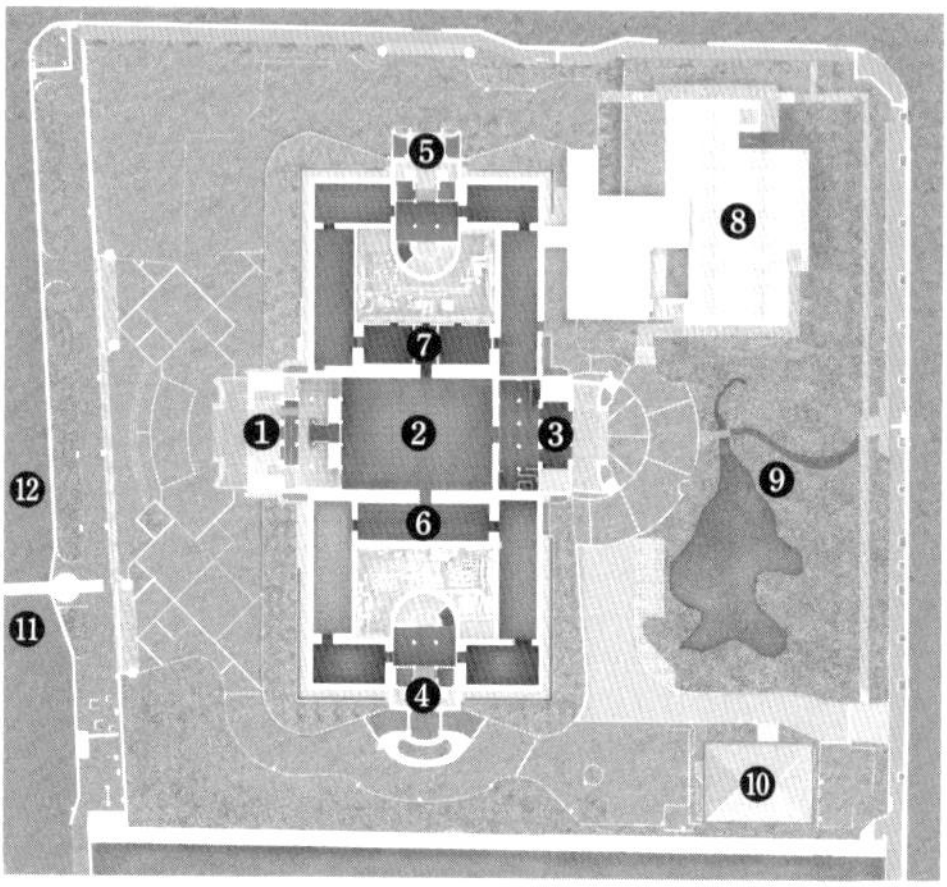

京都市美術館1階平面図（改修前）

❶西玄関　❷中央ホール　❸東玄関　❹南玄関　❺北玄関　❻1階南展示室（コレクション・ルーム）　❼1階北展示室　❽南中庭（地の広間）　❾北中庭（天の広間）　❿新展示室（東山キューブ）　⓫日本庭園　⓬レストラン棟（桜水館）　⓭スロープ広場（京セラスクエア）　⓮大鳥居　⓯神宮道

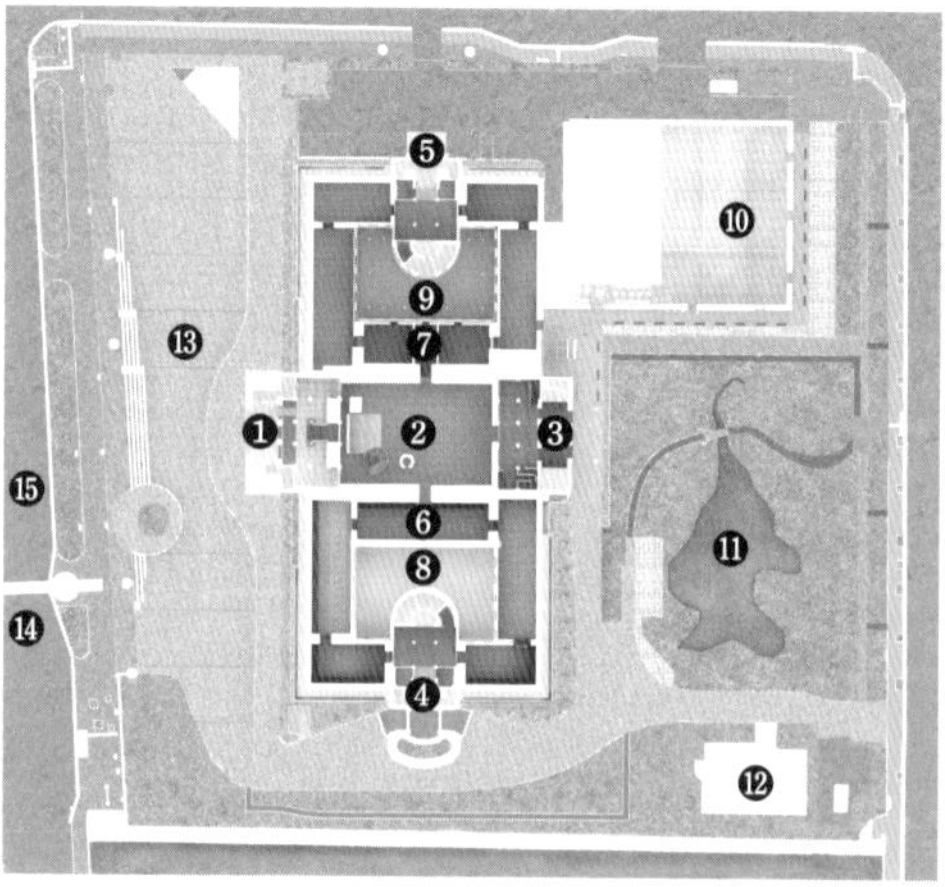

京都市美術館1階平面図（改修後）　北東の既存収蔵庫棟（川崎清設計）が東山キューブに建て替えられた

❶エントランスホール　❷チケットコーナー　❸大階段　❹カフェ　❺ショップ　❻小展示室（ザ・トライアングル）　❼講義室　❽多目的室

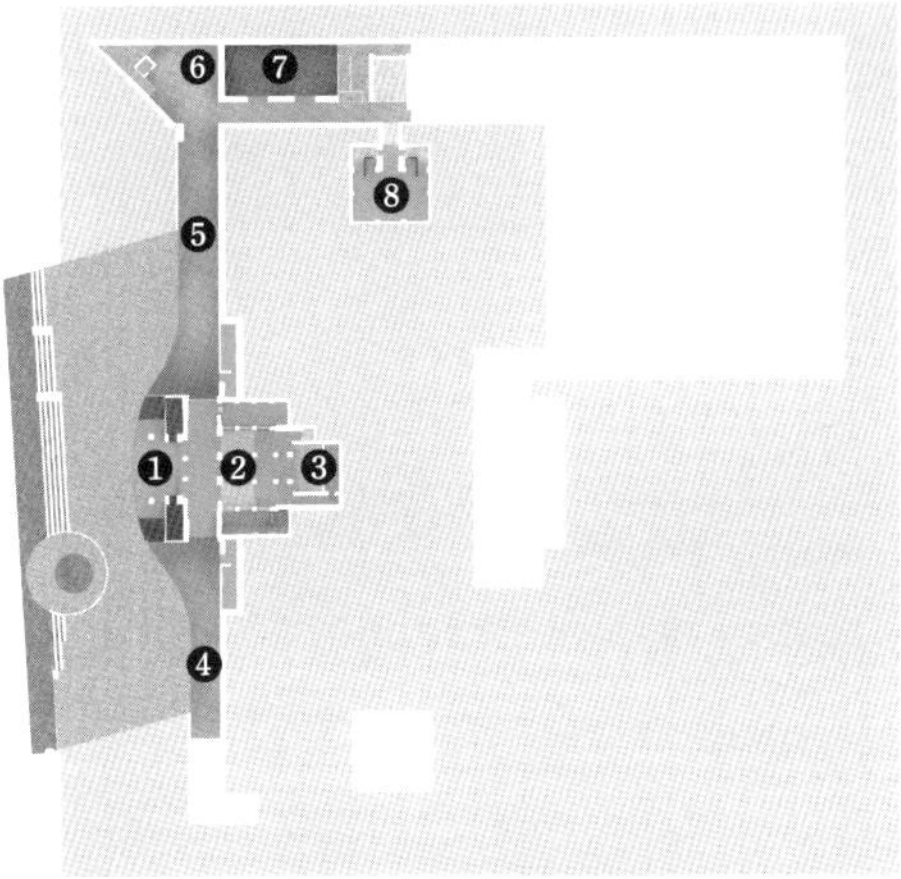

京都市美術館地下1階平面図（改修後）　西玄関の前にガラスリボンが加えられた

❶西広間　❷中央ホール吹抜　❸談話室　❹2階南展示室　❺2階北展示室

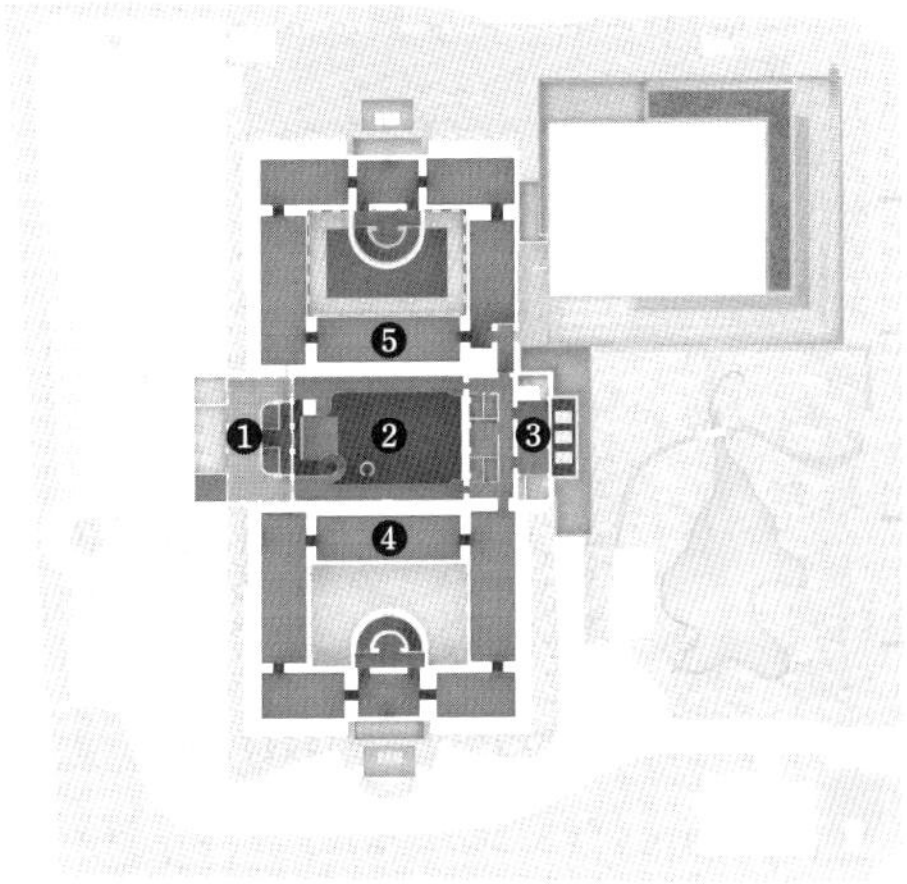

京都市美術館2階平面図（改修後）

西側正面（改修前）

西側正面（改修後）　既存立面下にガラスリボンの層が加えられた

北西から西玄関を見る（改修前）

北西から西玄関を見る（改修後）

東側日本庭園より北を見る（改修前）

東側日本庭園より北を見る（改修後）
一皮分室内に取り込まれ、奥に東山キューブが新設された

北東・収蔵庫棟屋上テラス（改修前）

北東・東山キューブ屋上テラス（改修後）
かつての収蔵庫棟の屋上テラスを継承している

西玄関地下・下足室（改修前）
倉庫として使われていた

西玄関地下・チケットコーナー（改修後）
既存の空間に最低限の改修を加えている

大陳列室（改修前）
もともとは彫刻展示のための空間だったが、仮設ショップなどの設置場所になっていた

中央ホール（改修後）
新たな展示室（東山キューブ）の増築もあり、ロビー空間として再生された

既存　北中庭（改修前）

北中庭（改修後）

旧収蔵庫棟（改修前）
地上部には、本館展示室と独立した講義室が設けられていた

東山キューブ（改修後）
現代美術の展示などに対応するよりフレキシブルな展示室が増設された

再生されたミュージアム巡礼

再生されたからこその魅力を持ったミュージアムが多い。そんなミュージアムのなかから特に気になるミュージアムを選んでみた。

テート・モダン

なんとも皮肉な話だが、建築家が腕を振るって建てた新しいミュージアムより、もともとは別の用途で使われていた建物を改装してできたミュージアムの方が優れている場合がある。ロンドンにあるテート・モダンはそのひとつ。廃墟となっていた火力発電所だった建物を改装して、2000年、近現代美術館としてオープンした。

なかでも発電機が置かれていた空間をそのまま利用したタービン・ホールは、発電所という出自に由来する特別な空間だ。高さ35メートル、奥行き150メートル余り。7、8階建ての建物が何棟もすっぽり入る巨大な大きさで、そんな空間をアートのためにわざわざつくりだそうという発想は普通はない。毎年、一人の現代美術作家が選ばれ、この空間をひとつの作品に

ディア・ビーコン

変えてみせている。初年のルイーズ・ブルジョワ以来、世界の名だたるアーティストが招聘され、以来、このミュージアムの目玉事業になっている。

この改装設計をしたのは、スイスの建築事務所、ヘルツォーク＆ド・ムーロンだ。既存へのリスペクトを持った彼らは、隣にあった変電所跡地に計画された新館「スィッチハウス」の設計者にも選ばれ、今度は、地下にあった巨大な3器の燃料タンクを展示空間として再生している。このミュージアムの成功で、荒廃していた周辺地区も、様変わりした。

ディア・ビーコン

アメリカのミュージアムの大半は、民間の財団あるいは基金によって運営されている。ディア・ビーコンもまた、ディア芸術財団のミュージアムで、ニューヨークから電車で1

時間半ほど北上したところにある。規模が圧倒的で、30万平方メートル近くもある。東京ドームが6個入る。

高窓から柔らかく降り注ぐ自然光が大きな空間にゆったりと満ちている。展示されているのは、ダン・フレヴィン、リチャード・セラなど、財団が所有する1960年代以降の現代美術作品が主だ。柱は細く、柱間も広い。そして天井が高い。まるで、それら作品を最高の環境で鑑賞するために、最高レベルで設計された建築かのよう。でも実は、大手菓子メーカー・ナビスコの包装紙製造工場を改装してできた空間である。アメリカの高名な現代美術作家ロバート・アーウィンが、1929年に建設された工場を、そのもともとの空間が持っていた質をできる限り残すように、無駄な装飾や挿入を抑えて設計した。

大量生産を目指す工場は、製造ミスを最小化するために、影の落ちない均一な光の獲得と、発生する熱の自然な放出を追求する。その帰結が天井を高くし、そこから自然光を導くことだった。そんな合理性の極みが現代美術の空間への望みに、思いがけず合致したのである。

大英博物館

世界最大級のコレクションを誇るミュージアムだ。ロゼッタ・ストーンやパルテノン神殿を飾った彫刻をはじめ、観るべき展示品が山ほどある。にもかかわらず、入場料は無料。さすが大英帝国と言うべきか。設立は1753年。以来270年もの歴史をもつ。もともとは博物館部門だけでなく図書館部門も併設されていたが、1997年に図書館機能が移転し、博物館機能だけが残って今に至る。

現在の建築の原型は、ロバート・スマークの設計によって1846年に建てられたもの。長方形平面の中庭を囲むロの字型の建築だった。1857年に、その中庭中央に、円形閲覧室が建設された。全体に、重厚かつ厳かな雰囲気が醸し出されていた。なんと言っても、正面玄関に、ギリシア神殿の意匠が用いられたくらいだ。

その重苦しさを、ノーマン・フォスターが2000年に払拭した。中庭に、三角形単位に分割されたガラス屋根を、きわめて軽やかに架け、室内化したのだった。構造材が太くならないよう、周到に計算された柔らかな「むくり」が与えられた。もともとの建築には手を加えていない。にもかかわらず、このハイテクなガラス屋根のおかげで、重さと軽さが絶妙なバランスで拮抗する魔法のような空間となった。

ブルス・ドゥ・コメルス

パリには、もとからの用途を変えてできたミュージアムが多い。ルーヴル美術館は宮殿だったし、オルセー美術館は鉄道駅舎兼ホテルだった。クリュニー美術館ともなると、2000年も前の、帝政ローマの支配下にあった浴場が原型。中世には、その廃墟に修道院が建てられ、それが改修されて今は美術館として使われている。新築の方が珍しい。ここではミュージアムは改修してつくるもの、というのが通念なのかもしれない。

最近では、安藤忠雄が歴史的建造物を、現代美術ミュージアムとして再生させた。もとの用途は穀物取引場で、ドーナツ状に丸い中庭を取り囲むように18世紀に建設された円形の建物だった。その後、中庭に木造ドームが架けられ、19世紀の終わりにガラスのドームに置き換えられ、用途も商業取引所に変わった。1998年まで使われた。

安藤忠雄は、既存のドームに、一回り小さい鉄筋コンクリートの円筒形の構造物を同心円状に挿入した。大鉈を振るって既存を改変するのではない。必要最小限の、ただし毅然とした一手で、古いものを輝かさせると同時に、新しい空間をつくりだすことに成功した。なにより挿入された構造物の高さがすばらしい。主張しすぎないギリギリの高さでつくられている。

パレ・ド・トーキョー

南北に抜ける中庭を挟んで、東西に同型の建物が建つ。東翼がパリ市立近代美術館、西翼がパレ・ド・トーキョー。もともとは東西合わせて、1937年のパリ万博に合わせて建てられた「近代美術宮殿」だった。うち、パレ・ド・トーキョーは大規模な改修を2012年に果たし、ヨーロッパで最大のアーティストのための創造の場となった。敢えてミュージアムと名乗らない。アートという言葉も入らない。ウェブ・サイトにはただ、「現代の創造のためのセンター」とだけ書かれている。

実験の場であるので、普通のミュージアムのように完成された作品が並ぶだけではない。制作の途中段階も見せる。常に現在進行形であること。それを目指した改修だから、並の設計ではない。仕上げは剥ぎ取られ、壁には補修跡が残る。床は擦り跡だらけのモルタル面。まるで

ルイジアナ美術館

工事中のような風景だ。洞窟のような地下室に、採光用の高窓が設けられた。屋根の一部を壊し、農業用ビニールハウスのようなガラス屋根が付け加えられた。どこが古くどこが新しいかが見極めがたい設計である。設計はコンペティションで選ばれた新進建築家ラカトン&ヴァッサル。彼らはこの設計を「介入」と呼んだ。一躍有名になって、2021年には建築界のノーベル賞と言われるプリツカー賞を受賞した。

ルイジアナ美術館

今回は、これまでと趣向を変え、増築に増築を重ねることで、素敵な美術館に育ってきた例を紹介する。コペンハーゲン中央駅から北に向かう電車で30分ほど行った海沿いの郊外住宅地にあるルイジアナ美術館である。元は、海を望む大きな敷地にぽつんと建つ古い邸宅。1954年、その土地を、クヌード・イェンセンが、美術館をつくろうとして購入。美の殿堂たる美術館をつくろうとしたのではない。生活のなかに美術や工芸があった子供時代を生きた彼は、そんな幸せな空間を一般に公開したいと思ったのである。建築家にヨルゲン・ボーとヴィルヘルム・ウォーラートを選び、まずは56年に旧邸宅から北に向かって増築した。白く塗装されたレンガと木による、温かみのあるデンマーク・モダンの建築だ。以後、南に向かう増築、それら2方向に伸びた棟の先端を地下空間でつないで回遊できるようにした増築などが続いた。その間に様式の変化はある。美術館についての考え方の変更もある。予定調和的ではない。しかし、イェンセンの目指すことの根本は変わらなかった。結果、地元の人たちが作品を見たり、おしゃべりをしに、一日を過ごしにやってくる、「世界でももっとも幸せな美術館」になったのだった。

藤村記念館

島崎藤村の記念館は甲府と岐阜県馬籠にあって、どちらも建築家・谷口吉郎が手がけている。今回、とりあげるのはそのうち馬籠の記念館。藤村が上京する9歳まで過ごした生家の土地にある。素晴らしいのは、すでに焼失していた本陣跡地にではなく、そこを空地のまま残し、脇の余地に細長い建築を加えることをもって、「記念堂」としたことである。無き物への増築とでも言ったら良いだろうか。畑になっていた跡地に砂を敷き清める。とはいえ、その砂地は、通りからは、冠木門の先に白い障壁があって見えない。右に折れる。細長い建物の端、玄関前の庇空間に入る。ぶつかった壁の腰から下が透いていて、隣地の用水池がわずかに見える。左に折れ、少し進んで、舞良戸を開け、廊下のような部屋に入る。左脇の建屋の腰掛けに腰を下ろし、障子を開け、砂地に焼け残った土台の石を眺める。建物自体はごくごく慎ましい。ここでの建築は見られる対象ではなく、失われたものとセットになって、藤村の作家精神を静かに偲ぶ触媒のようなものなのだ。戦後すぐの47年、大工などの専門職ではなく、村人たちの手仕事でつくられた。材料もすべて土地のもの。西欧の山地で昔、小さな教会堂がつくられたのも、きっとこんな感じだっただろう。

東京ステーションギャラリー

一時は高層ビルへの建て替えも検討されていた東京丸の内駅舎。結局は、国の重要文化財に指定され、復原・復元を果たした。因みに、復原とは創建以降に手を加えられたところを原形に戻すこと、復元とは失われたものを復することで、発音は同じでも、専門家は使い分けている。1988年に駅舎内に開館した東京ステーションギャラリーは、北口ホールあたりに移転、2倍以上大きくなって2012年、リニューアル・オープンした。第二次世界大戦で焼失していた3階は復元、1階と2階は復原である。3階展示室の内装が白く、2階展示室の壁がレンガなのには、そんな訳がある。表面がはつられ、荒々しい肌触りのレンガ壁が魅力の展示空間である。もっともこの傷は、戦後の突貫復旧工事で、モルタルの付着を良くするために施されたもの。辰野金吾設計のオリジナルでは、そもそもレンガは下地で見えず、その上を白漆喰で仕上げられていた。その意味では、田原幸夫が監理総括にあたったこのギャラリーは、単純な復原ではなく、古いものと新しいものを重ね合わせ、この空間がこれまで辿ってきた来歴をそのまま見せることで、歴史の重みを感じさせるもの。まさに、時間を行き来するミュージアムらしい空間である。

弘前れんが倉庫美術館

衝撃的だったのは、弘前の吉野町煉瓦倉庫で２００２年に開催された、現代美術作家の奈良美智の個展だった。横浜美術館から始まった巡回の最後、急遽、奈良の地元の土地に回ることになったその展覧会では、彼の絵画作品が、コールタールが塗られた黒い木の壁や、生々しい補修跡が残る煉瓦壁に直接掛けられ、美術館としてつくられた他のどの美術館での展示より、観者にストレートに迫ってきたのだった。ちょうど身体の美しさが、擦り切れ、破れたジーンズだからこそ、引き立つようなものだったのかもしれない。お膳立てされた空間ではなく、絶妙のバランスを探るべく格闘する空間。奈良は、作品展示に関して、そんなコーディネートをきわめて適切にやってみせた。もとは１９０７年に建てられた酒造工場である。それがリンゴ酒シードルの製造所に転用され、その後、政府米補完用の倉庫として使用されていた。建設した福島藤助は、「たとえ事業に失敗しても、建物を市の将来のために遺産として残すことができる」と煉瓦造りにこだわった。そして実際、その姿は多くの市民に親しまれ、文化的活動での利用を求める機運の高まりから、２０１５年に市が取得、２０２０年には、田根剛の設計で、美術館として再生することとなった。

京都市美術館（京都市京セラ美術館）

連載の最後は、おこがましいながら、私の事務所と西澤徹夫建築事務所とが組んで設計した再生ミュージアムを紹介する。1933年に竣工した現存する日本最古の大型公立美術館で、3年に渡る大規模改修工事を経て、2020年にリニューアル・オープンを果たした。西側正面から見れば、地上の姿は変わっていない。変わったのは、その下に、薄く左右に伸びるガラスの帯が挿入されたこと。もともとの建築は、俗に帝冠様式と呼ばれる、西洋の古典主義的建築の上にアジア風の屋根を載せたつくり。頭でっかちな印象が否めなかったのが、足元が厚くなってバランスが良くなった、と思っている。そして、そのガラスの帯から入って真っ直ぐ進み、大階段を上り、ゆったりとした大空間・中央ホールを経て、東側の日本庭園にまで至る、一続きの流れをつくりだした。それによって、改装前の閉じこもった陰鬱な雰囲気に、「気」が通ったのではなかろうか。既存をできるかぎり保存している。新しくつくったところも、既存に馴染ませている。新旧がきれいに調和した音を奏でるよう、丁寧にチューニングした。その結果、新しいのか古いのかわからない、明るく華やかな「空気」が美術館全体に行き渡るようになったのである。

ヴァンスの白昼夢

おばあさんが乗ってきて、運転手に「こんにちは」。運転手も「しばらくだったね、元気にしてた？」などと、答えている。ニースから、そんなのんびりとした路線バスに乗り込むと、途中から山道に入っていって、1時間ほどでプロヴァンスの町ヴァンスに到着する。標識を頼りに、深い谷に架かる細い橋を渡る。道の左側には緩やかに上る斜面が広がっていて、右側は崖。その崖際の道を15分ほど歩く。突然、右側に「ロザリオ礼拝堂」が現れる。それは、あっけないほどに「普通」の小さな白い建物だった。

手前の建物に隠れて見えていなかった妻面が、まず目に入る。通常、薔薇窓のある位置に、ウルトラマリンの円に囲われた母子像が描かれている。その下にステンドグラスが見える。屋根の上には、細い鍛鉄でできた十字架が載っている。それでかろうじて礼拝堂であることがわかる。

建物は道路から1階分ほど低いところに建っている。しかし道に接するところには、道の高さに床が張られているので、桁側から見れば、平屋のよう。目線のすぐ上に屋根がある。一番目立つのは、ウルトラマリンの瓦と白の瓦で葺かれた屋根面と、その上に載った12メートルもの高さの十字架である。青い屋根の水平面とそこから南仏の青空に向かってするすると立ち上ぼる細い煙のような十字架。道に面する桁側には窓がない。白壁が一つの平面ではなく、出っ張ったり引っ込んだりしている。そんななんとも無造作な表情の先に、一般信徒のための慎ましやかな玄関がある。扉を開け、階段を降り、右に折れて、純白の身廊に入る。

入口は身廊の中央ではなく、南寄りの端に開けられている。だから、まず眼に飛び込んでくるのは、正面、祭壇の向こうの西面に設けられた連窓のステンドグラスであり、右手、ということは北面の、白壁にある黒線で描かれた「聖母子」や「聖ドミニクス」である。それらが描かれている白釉薬のかかったタイルに、ステンドグラスからの光が艶かしく揺らめいている。中央に向かって歩を進めれば、その光がさらに揺らめくと同時に、左手の南面に、床から天井までの縦長のステンドグラスが連なっているのが見えてくる。そこからの光が礼拝堂いっぱいに広がっている。その光が床の白大理石にも反射して揺れている。見返すと、祭壇に対面して「十字架の道行」も光のなかで揺らめいている。

ステンドグラスに使われているのは、青と緑と黄の3色のガラスだ。青は、モルフォ蝶の羽の光沢、あるいは硫黄を燃焼させたときのような、透明で純粋な青の透過光を放っている。緑はボトルグリーンで、透過光になったときに、青とちょうど拮抗する緑となる。青と緑のガラスは透明で、とくに青のガラスは、向こうの風景が透けて見える。そんな青と緑に対し、よくよく見れば、黄のガラスはすりガラスになっていて、光を拡散させ、レモン・イエローの光が

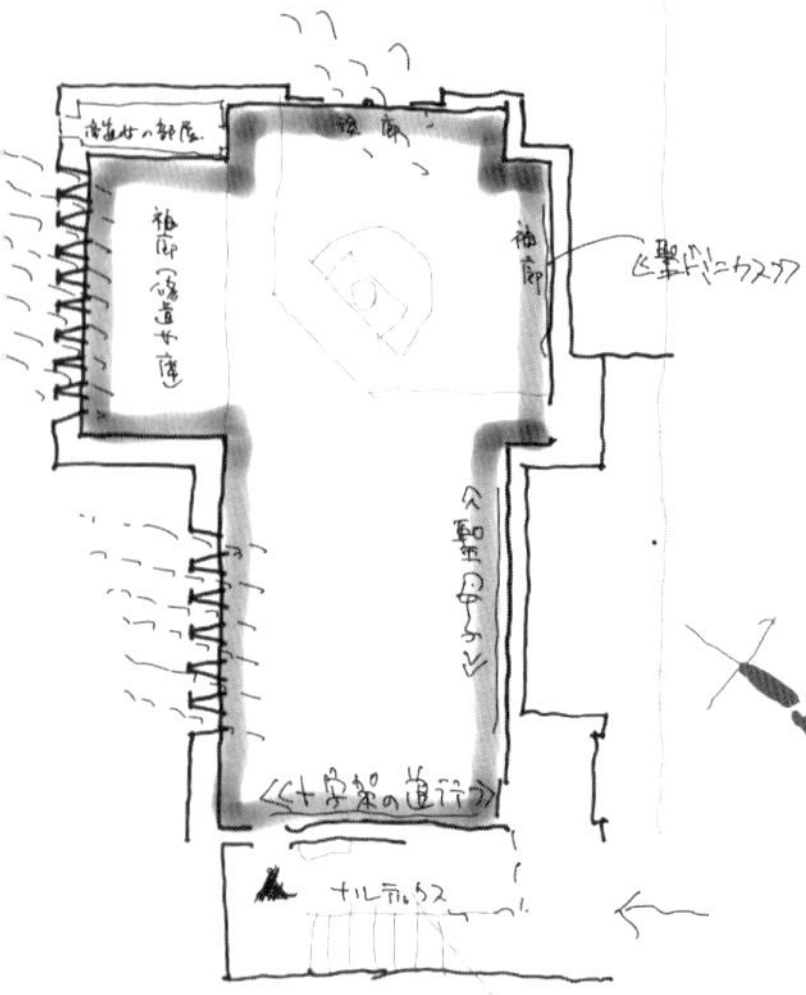

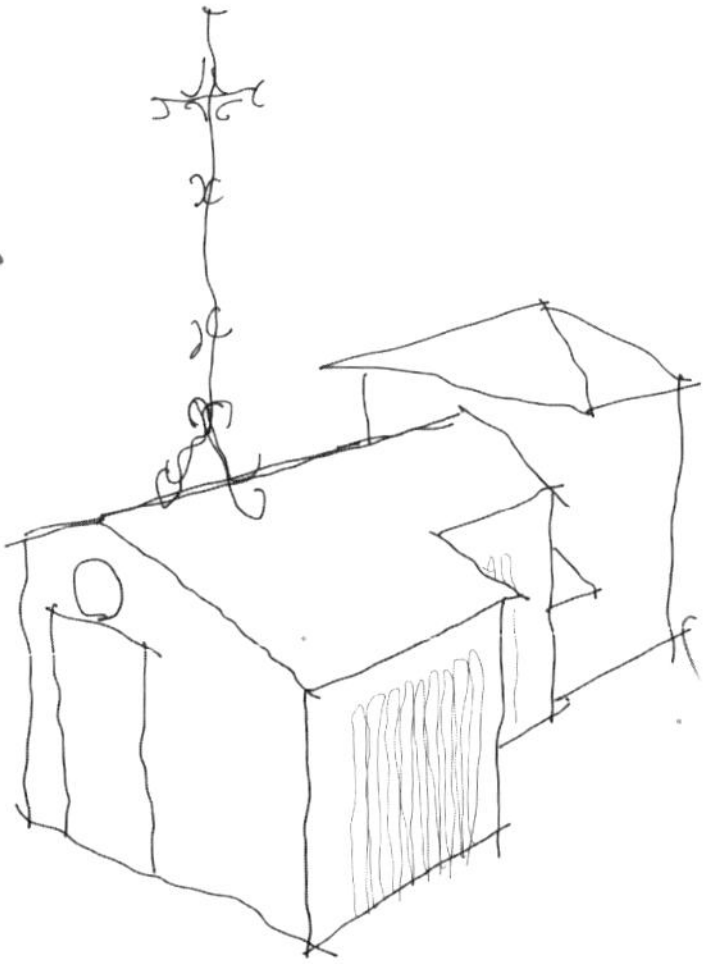

強く萌え出るように浮き立っている。

　ロザリオ礼拝堂の経験は、こうして、ニースからヴァンス、そしてその室内へと、滑らかにつながり、そして最後にふたたび、すうっとヴァンスの風景に出ていく。それはあくまで一続きの経験であって、礼拝堂の内だけで完結する経験ではまったくなかった。空気がつながっている。なのに、礼拝堂に入った瞬間、その空気がふいに昇華する。起きているけれど、夢を見ていた。あとで思えば、そのとき私は白昼夢の魔法にかけられたのだった。

　その場の空気を、気づかれな

いうちに、ある特定の空気に変えてみせる。そのために必要不可欠な事物だけに意識を向かわせる。その不可欠な事物もまた可能な限り単純化する。その裏には、それ以外の事物には何ごともしていないかのように見せる、多大な作為がある。作為を見せないための作為。それがあって初めて空気だけを変えることができる。

たとえば、この礼拝堂はその伝統にしたがって、ラテン十字の形式をもっているのだが、それをまったく感じさせない。平面図を描けば、身廊も、袖廊も、後廊もあって、ちゃんと縦線の下が長い十字になっている。しかし普通なら中央交差部にはドームが載って、その高い天井から光が注がれるのに、室内の天井は全面フラットである。トップライトもない。ラテン十字を形成するための壁の出入りも、たまたまそうなってしまったかのように無造作に見える。室内の形状は、そこに意識が向かわないように、作為的に無個性にさせられている。外観も、左の袖廊と後廊との間を修道女の部屋が埋めているので、適度に歪な箱にしか見えない。

南側の縦長のステンドグラスの列は、ステンドグラスそれぞれの間に、同じ幅の壁が挟まっている。しかし外から見ると、その壁が狭く、開口が肩を寄せ合って並ぶよう。つまり壁の厚みのなかで、外側に向かって壁が薄くなっているのである。そのおかげで外観は軽やかになる。ステンドグラスに影が落ちにくくなる。何も考えなければ、外側を薄くしない。ここには繊細な、しかし明確な作為がある。

もちろん、ここでの不可欠な事物とは、ステンドグラスであり、3組の白釉薬タイル上の黒線の壁画である。ステンドグラスは、そのパターン、色、透明度、鉛線の数限りない試行錯誤の結果だろうし、壁画は、黒線に限定したことを含め、一分の変更もありえないところまで突き詰められた単純さであるだろう。

マティスにとっての絵画とは、こういう経験をつくりだすことだったのかもしれない。帰りのバスで、そんなことを考えていた。「赤い室内、青いテーブルの上の静物」。形と色と黒線のデッサン。それぞれがそれぞれで「純粋」に向かって単純化されると同時に、それらが画面の中にバラバラなまま重ね合わされる。つくりだそうとされているのは、やはり「空気」で、空気自体は見えないが、その見えないものが見えるものでつくりだされている。

建築を身体と衣服の関係として見る。それが建築についての伝統的な捉え方である。「衣服が身体を偽ってはならない」と、近代建築もまた建築を身体と衣服の関係で捉えてきた。しかし、ロザリオ礼拝堂の建築はそういう捉え方のなかにはない。ここには身体の代わりに空気がある。まわりとつながっているその空気を、その場所だけ、ある特定の質に変えるために、最小限必要なアイテムを配置すること。それがここでの「建築」だ。

そうそう、マティスはここで、司祭が着て動く上祭服もその重要なアイテムとしてつくった。ロザリオ礼拝堂は、概念自体がまったく新しい建築だったのである。

東京物語

映画に思う「水の都」　艀の時代

もう5年以上前になるが、いつかは受けなければならない手術のために、しばらく入院することがあった。期間は1週間ほど。こんなに長い時間、暇になることはそうそうない。この機会にと、前から通して観たかったDVDの小津安二郎全集を持ち込んで、日がな一日楽しく、映画三昧の日々を過ごした。痛かったけれど。

流れている時間が違った。朝、日が上って、正午を回ったと思う間もなく、日が傾いている。そんな一日の静かな時の流れがまた、小津の映画にも流れていた。東京にも、かつて、こんな時間があったのか、と感慨に耽っていたら、画面に、入院している当の病院が突然映って、のけぞった。１９５８年の「彼岸花」である。

50年代の東京の町がどんなだったか。それを、サミュエル・フラーの「東京暗黒街・竹の家」は、かなりよく記録している。なにしろ、当時のアメリカ人にとっての「日本らしい」事物をふんだんに盛り込んだ映画である。冒頭は、富士山を背景とした武器略奪シーン。話が進むと、銀座4丁目交差点はもちろんのこと、いまは明治村に玄関だけが残るフランク・ロイド・ライト設計の帝国ホテルも登場する。最後の撃ち合いシーンに使われたのは、浅草の松屋百貨店の屋上遊園地だ。その一角にあった塔の上の地球儀型回転遊具の上で、ついに悪人は息絶える。座席足元に、浅草界隈の街並みが広がる、かなりこわそうな乗り物だ。

室内シーンは、基本的にアメリカでのスタジオ撮影だが、ロケ地は、連合軍接収時代直後の東京だったから、当時の雰囲気がよく伝わってくる。

なかでも興味を惹かれるのは、山口淑子演じるマリコが住む家が、川っぷちにあること。川は繋留された艀で満ち、水上生活者たちが洗濯物を干している。艀から艀に跳び移って、先に進むことさえできる。そんな川に、木で組まれた通路が石堤から跳ね出していて、彼女の家にはそこから入る。こうした風景を、フラーが、東京の「庶民」の生活を表す典型として選んだことが、ぼくにはたいそうおもしろい。

艀とは、港に接岸できず沖に停泊している大型船と岸との間を行き来して、人や物資と運ぶ小舟のことである。東京はかつて、こうした艀が奥まで入り込めるよう、川や運河や堀が、内地まで縦横に張り巡らされた「水の都」だった。江戸時代だと、艀よりも、伝馬船と呼ばれることが多かっただろう。明治も終わりに近くなると、輸送船の規模も大きくなって、それにつれ、艀を使う港湾労働者が急増した。艀の船尾で日常生活を営む水上生活者も多かった。戦後は、港湾が整備されコンテナ船が接岸できるようになり、トラックによる陸路輸送が主軸になる。それで、徐々に艀の用は失われていって、今はもう艀も水上生活者も見ることはない。

これは東京に限らず、大阪や広島など、日本の海沿いに発展した都市に共通する歴史ではある。しかし東京の特殊は、この明治以来の生活様式の衰退と戦後の近代化とが鋭く交差する瞬間を持った、というところだろうか。この映画の、川とともにあるのが東京の庶民の生活、というのは、あまりにあまりな時代考証ではあるけれど、皇居前の広々とした道路を新式自動車が走るシーンとの対比で、水上生活のシーンを選びたくなってしまったその感覚に、ぼくはその瞬間がなせるわざを見る。

ちなみに、強盗シーンに使われる工場は佃島でのロケではないか、と想像する。思えば、この交差を経て、東京は湾に向かって土地を広げていく。古い街は街で変わっていく。しかし、海に向かって、アメーバのように拡張するのが東京の街なのだ。

愛の往来　裏木戸の存在

京都、なかでも四条烏丸のあたりを歩けば、辻から次の辻まで、かなりの距離がある。今なお、平安京の条坊制でつくられた約120m角の正方形街区が残っているからだ。街区が大きいということは、建物の奥行きが深いということ。にもかかわらず、間口は、概して、狭い。だから、そんな空間を指して、皆が「うなぎの寝床」と形容してきた。

京町家では、通りから奥に向かって、トオリニワと呼ばれる外廊下状の土間が貫いている。いちばん奥に、ウラニワがある。そこにはたいてい、土塀の蔵が建っている。奥に、表からは想像もできない静かな別世界がある。京の街の深さを実感するのは、たとえば、そんなお宅に招かれたときだ。

街の奥行きの深さは、別の形で、ヨーロッパの都市にも感じられる。ここでも、建物は、軒を接して、道に面しては閉じられている。門扉の横には、インターフォンが嵌め込まれていて、小さな名札を頼りに、ボタンを押して、用件を伝え、門を解錠してもらう。門が開くと、前に中庭が広がる。突っ切って、目指す部屋に向かう。

いつのことだったか、パリで毎年開催される写真フェスティバル、パリフォトで、配布される地図を頼りに、会場を訪ね歩いていて、驚いたことがあった。普段は、公開されていない建物だっただろう。開けてもらった門の向こうは、中庭というより、もう校庭と言ってよいほどに巨大な空間で、それを取り巻くロココ様式の建物の、会場らしき部屋に入って、案内されるままに、地下深く降りて行ったら、これまた巨大な廃墟めいたところに出た。正面の壁に上映されていたのは、揚福東の作品。パリは、物理的に奥深いだけでなく、時間の層も堆積していて、奥深くに、古層が眠る街だったのである。

が、東京は、まるで違う。奥がない。通り抜けられる。そのことがむしろ、この街らしさなのではないか、と思っている。

江戸時代の町家のつくりからして、そう。通りには、オモテダナが面している。その隙間から奥へ入ると、路地が二股に分かれ、裏長屋が、挟まれている。そこに住むのが、八つぁんであり、熊さんだ。路地はその向こうでまた一筋になって、通りに抜ける。表と裏はある。しかし、裏の先で、また表にひっくり返る。奥があると思ったら、ない。なにやら、東京の街の、濃淡はあっても、薄っぺらく、表面的なところを象徴しているようでもある。

夏目漱石の『三四郎』で、三四郎がヒロイン里見美禰子に再会するためにも、裏に抜ける戸がなければならなかった。英語教師の広田萇の引越しの手伝いで行った新居。「また縁側へ腰を掛けた。掛けて二分もしたかと思うと、庭木戸がすうと明いた。そうして思も寄らぬ池の女が庭の中にあらわれた。」三四郎が裏手に回って、庭をぼんやり眺めていると、美禰子が庭の向こうの木戸からあらわれるのである。

国木田独歩の『竹の木戸』になると、庭の先、隣家との間に設けられた裏木戸の存在が、事件のきっかけとなる。井戸のない貧しい隣家の願いとはいえ、行き来可能な裏の庭戸さえ許してなければ。小学生だった頃、住んでいた私の家の庭にも、隣家との間に木戸が、忍ばれてあった。

映画シリーズ「男はつらいよ」の葛飾柴又の草団子屋にも、表と裏がある。裏には庭があり、その向こうは、タコ社長が経営する町場の印刷工場だ。裏戸があるから、しょっちゅうタコ社長が入って来る。2階のさくらの部屋の向かいは工場の寮で、職工の博が住んでいる。ここでも、裏の木戸があるから「事件」が起きる。工場の職工たちが集まって「スイカの名産地〜」と歌うのは、寅さんの家の裏庭だ。そして、さくらと博が結婚する。ここでの裏木戸は、愛が行き来する扉なのであった。

うねる大通り　東京のリアル

建築の設計は、基本的に共同作業。だから不安だらけだったけれど、3月の末から当分の間、在宅での勤務に切り替えることにした。図面を、それぞれ自宅で仕事をするスタッフたちと、PCの画面上で共有する。遠隔にいる各人が、そこに違う色の仮想ペンを持って描き込む。そうやって、時を共にしながら、一緒に設計案をつくっていった。ここまで、ビデオ会議ツールが進化していたのか、とずいぶん驚かされた。

それでもストレスはあった。建築家は、100分の1の模型を見て、頭のなかでそれを100倍にして、実際に建ったときの景色を想像し、案の良し悪しを判断するものだ。模型をつくって、皆で囲み、ああでもない、こうでもないと、模型を切ったり貼ったりしながら、一緒に悩む。その作業ができないと、やはり「わからない」。だから、しかたがない、アトリエに集まる日を持つことにした。時だけでなく、場所を共にしなければ、やはりできないことがある。

自転車で、アトリエまで行くことにした。できるだけ上り坂は避けたい。しかし、下って上って、また下って上らないと、どうにも辿り着けない。2回下って2回上るのだから、差し引きほぼ同じ高度のところへの移動ではないか。どこかに平坦なルートがあってよさそうなものなのに……

国土地理院のウェブページに入って、「傾斜量図」で、東京の地形図を調べてみた。こんなすごい地図が、無料で公開されているなんて、これまた驚くばかりなのだが、それはともかくとして、家とアトリエの間には、浅いけれど奥まで長く伸びる2つの谷があることがわかった。無理して平坦ルートで行くなら、くねくねと遠く迂回しなければならない。試してみたら、たしかに坂道はなかった。しかし時間は3倍かかり、かえって疲れてしまった。

そういえば、今年のはじめ、「都営バスで巡る地形テキストラリーGPS」という、スマホを使った期間限定のスタンプラリーがあった。「バス停名に潜む地形由来の文字を集める」という趣向の遊びである。なんでも対象となっていた都営バスの停留所だけでも、「東品川一丁目」のように「川」がつくのが108、「御殿山」のように「山」がつくのが38、「四谷」のように「谷」がつくのが50、地形に関係のある文字が入るのが693もあったのだった。

水に関わる文字が多いのは、東京の東に広がる、下町と呼ばれる平坦地がかつて海だったから、だけではないだろう。その海に向かって、西から、細かな起伏を持った緩い丘が迫り出していて、水際が複雑に変化してきたからだと思う。そのくらい、その微地形パターンのよれよれ、しわしわは、すごいのである。

場所ごとに地形が与える特徴が微細に変化しつつ、それが絨毯のように四方八方に広がる。それが東京という空間の特徴である。人は、その微地形を時に無視して、人工的に町をつくってきた。しかし、それでもよくよく見れば、その足下に、土地の固有性が透いて見える。ヴァーチャルな世界が、リアルな世界に重なっている。そのあわいが、たぶん東京を豊かにしてきたのだろう。

ヴァーチャルだけでもやっていけそうな時代が、もうすぐ先にありそうだと、ビデオ会議をしながらつくづく思った。しかし、家を一歩出れば、群青色の空の下で、大通りが大蛇のように上下左右にうねっていた。人がつくったのではない、偶然なのか、神なのか、ともかく人知の及ばぬ絶対の他者がつくった、固有の場所、世界がまたあることを、自転車を止めて、改めて感じたのだった。

建物の外観　だれのもの

ときどき、建築を学ぶ国内外の学生が、設計案を見せにやってくる。この前は、フランスの学生が、都市住宅の案を持ってきた。

悪くない。しかし、内部空間が画期的なのと比べて、外観がおとなしく退屈なのがもったいない。少なくとも近代建築以降では、見てくれは実体を伴わなくてはならない、という倫理観があるけれど、と指摘したら、内部空間は住み手の自由ですが、外観は街のものです、と返してきた。都市空間を部屋に見立てれば、ひとつの建物の外観はその壁の一部を成すもので、そこまでは都市の領分、建築が始まるのは外壁の内側から。この感覚は、内外合わせてひとつの建築で、そんな建築が集まってできているのが都市という、私たち日本人の感覚とだいぶ違う。

いや、じつは日本でも、昔はそうではなかった。古来、町と呼ばれる、自然発生的に生まれた共同体があった。それが近世の京都で、町奉行ができ、町は自律性を残したまま、行政の末端機構に組み込まれた。町人のしきたりが、「町式目」として明文化された。町家の「表構え」のデザインも、事細かく決められた。こうして町は、町ごとにひとつの統一された顔を持つようになった。「町並」という言葉がよく使われるようになったのも、その頃のことだ。そこでは、建築の外観は、個々の建築にではなく、町に属していた。

ではその後、西欧と日本で異なる歴史をたどったのはなぜか？　私は、二つのことが大きかったと思っている。

ひとつは、西欧の都市建築が石造で、階を重ねるつくりだったこと。ひとつの建物に多くの家族が住んでいる。それぞれの居住空間から一歩出れば、皆のものだ。その共有部が階段から外の道にまでつながっている。そこから、建築を通り越して都市に住む、という感覚が生まれてきたのではないか。一方日本の町屋は木造で、たいていが2階建。別の家族が積み重なって住むことはまずない。土地と家族が住むところが一致している。都市に住んでいるというよりは、やはり自分の家に住んでいる感じだ。

もうひとつは、日本では人々が郊外に住むようになったこと。昔は、下に店を構え、上に居住する世帯が多かった。町は、顔を見知った人たちが共存して生きていく場所だった。それが、仕事場と住まいを分けるようになって、コミュニティが希薄になった。都市という概念は、共同体意識の上に育つもの。その地に住まなくなると、町への帰属意識はなかなか育たない。

日本の町がバラバラな建物がひしめき合うカオスになったのは、たぶんこんな経緯があってのこと。そうして、皆が自由に振る舞って、とはいえ、似た者同士が集まっているので、バラバラだけど、地区ごとにまとまった個性をもつ、興味深い都市になっていった。それは、上からの統制が効かない自律的な町、でもあった。

が、このところ、東京を中心に日本中、再開発が進み、雑然とした界隈が、スッキリと清潔な街区に変わってきた。広場のようなオープンスペースもずいぶんとできた。町に統一感が戻ってきた。しかしこの景色、どこかで見たことがある……。ああ、これは、100年近く前に、近代建築が思い描いた理想の都市だった。そう気づいたのは、じつは最近のことである。

町は今、似た者同士のおしくらまんじゅうではなく、大規模資本が統べる統一体になってきた。そうなってはじめて、近代建築の夢がようやく実現されてきた。とするならば、これを近代化の成功と見ていいのかどうか、なかなか悩ましいところである。

災害の光景　日頃から想像する

今年の梅雨は激しかった。異常気象がここまで毎年のように続くと、もはや、災害はやってくるかもしれない、ではなく、やってくるもの、と覚悟しておかねばならない。異常が常態ともなれば、それはもう「通常」であって、災害が起きていないのはたまたまの幸運、と思って暮らしているほうがずっと安全な気がしてくる。

2011年も災害が多かった。3月に東日本大震災、9月には、紀伊半島を中心に記録的な豪雨にみまわれた。

その秋、広島県の、中国山地の中央部に位置する三次《みよし》市で、新しくつくる市民ホールの設計者を選ぶ設計競技があった。私のアトリエも応募した。

三次は盆地にあって、江の川、馬洗川、西城川の３つの川が合流するところに形づくられた町である。当然のことながら、水害の危険がある。１９７２年には、川が氾濫して、市街地が床上浸水する大被害を経験した。ハザードマップを調べると、建設予定地は、５メートル以上の浸水可能性、とあった。

となれば、建物本体をその高さまで持ち上げておかなければ、とまずは考えた。そうして生まれる縁の下空間は、屋根つきの広場になる。大きな公演があるときには、大駐車場としても使えるはずだ。

もっとも、先立つ計画に、そんな想定はない。だから、そのための予算も見込まれていない。しかし工事費をざっと弾いてみたら、やりくりしてなんとか納められるギリギリのところ、と算段がついた。２０１４年の秋、柿落としに漕ぎ着けることができた「三次市民ホール きりり」である。

「あたり一帯が腰の高さまで浸水」、とメッセージが届いたのは、２０１８年７月７日、未明のこと。慌てて、その三次の友人と電話で話して、ホールが一時避難所になっていることを知った。建物を上に持ち上げていたので、ホールへの甚大な被害は避けられた。公式には、緊急避難施設として位置づけられていなかった。それでも周辺の人たちが逃げ込める「高台」になった。夜が明ける頃までには、２０２人もの人が避難していた。災害はやはり、やってくるもの、だったのである。

洪水と言えば、私は、幸田文の「川の家具」を思い出す。「十四、五」の頃とあるから、1910年代の記憶を綴った小文である。昔は、美しく楽しかった隅田川。しかし、それはまた、洪水となって、「腹を立てているような」恐ろしい形相を見せる川でもあった。泥濁りの急流のなかに、家具や造作の類が翻弄され、流れて来る。すると、彼女のほうも「平和とだんらんを流して行きやがった！」とおこったもの、と述懐されている。隅田川を、優しくもあり暴れ狂いもする、人と共にあった生き物と捉える感覚が、そこには、まだそこはかとなく漂っていた。

しかし東京の下町は、もうその頃には、氾濫を許容するには人口が増えすぎていた。隅田川流域を守るための分岐水路、荒川放水路が、1924年に完成している。隅田川流域はもう、洪水があってはならない土地、になっていたのである。とはいえ、その荒川放水路とて完璧ではない。想定以上の増水があれば、濁流は堤防を乗り越え、氾濫しかねない。その危険は、この放水路が正式に荒川の本流と指定された今も、変わらない。

少々のことでは決壊しないよう、補強することは大切である。しかし、それでも災害のリスクはゼロにはならない。だとすればせめて、災害のときの光景を、目の前の今の世界に重ねる想像力を、日頃から養っておく必要があるのではないか。新型コロナウイルス、豪雨と、災害続きの今年、改めて思い直している。

文化交差の渋谷 「谷底」の特性

このところ、東京・渋谷駅は、ずっと工事中。行くたびに動線が変わって、戸惑うばかり。渋谷は、地名どおり、谷にある。渋谷川が流れ、そこに宇田川など支流が流れ込む。渋谷の町は、合流地点を中心として、放射状に発展してきた。起伏は複雑。襞が深い。

鎌倉時代から、渋谷川に沿って、東北へ向かう街道が通っていた。江戸時代には、それに直交して、谷越えの街道、大山道が貫いた。都心側から谷に下りるのが宮益坂、近郊に向かって上るのを道玄坂。どちらもかなりきつい坂で、高低差は約20メートル、建物の4、5階分にあたる。これら二つの街道は、谷底で交差した。

谷底という、ただでさえ水や人が流れ込むところに、さらに鉄道という電車の流れが集まり出したのが、100年あまり前のこと。これら多岐にわたる流れを、谷底という一点において、受け止め、かわし、制御しなければならない。この難問に応えてつくられたのが、渋谷駅という都市空間である。

流れを立体交差させ、町を重層化させる。渋谷駅が出した回答である。画期的だった。立役者は、五島慶太が主導する東急電鉄である。

まず1934年、7階建ての東横百貨店(後の「東急百貨店東横店東館」、2013年に取り壊し)が、東急東横線終着駅ホームを受ける形で、建てられた。町の谷底に、白い近代建築のボックスをひとつポンと置き、そこに鉄道客の人の流れを貫通させた。これが最初の一手。

次に1939年の玉電ビル（後の「東急百貨店東横店西館」、2020年3月営業終了）。こちらは、今の東京メトロ銀座線を3階の高さで、谷地に直交させ、それをそのままビルに貫通させるというもの。地下を走ってきた銀座線が、谷の中腹で地上に頭を出し、高架で道路を渡って、ビルに吸い込まれたところをホームとする。さらに貫いて、宙を跳び、車庫に至らせる。谷底でなければできなかった未来都市の風景だ。渋谷駅が、1階、2階、3階と、鉄道が立体交差する結節点として、明確に組織されたのはこのときである。

以来、谷地形を利用したこの立体都市化が、駅を越え、周りに広がっていく。1956年、東急文化会館開館にあわせて、2階コンコースが、宮益坂方面に跨線橋となって延長され、そのまま、外の道につながった。そのものはもう再開発事業でない。それでも、動線だけは、「渋谷ヒカリエ」内に取り込まれた。道玄坂方面では、2000年竣工の「渋谷マークシティ」において、駅内で4階に上り、そのまま進むと道玄坂上に出られるようになった。谷に降りず、谷を横断する道がそのまま建築化された、と言ってもいい。駅舎からはじまった動線の立体化は、こうして、町の動線を再編するまでに育ってきた。

80年ほど前に完成した基本的骨格に、度重なる調整と、接木と、切除が加えられてきたのが、今の渋谷駅の姿だ。しかし、それも限界。そう決断されての、基本的骨格にまで及ぶ大改造である。淀んだ流れをスムーズに流す。襞を延べ、見通しをよくする。完成は2027年と聞く。渋谷には、独自のカルチャーが育った。よかれあしかれ、がんじがらめの世間を逃れるアジールだった。もともとが谷底という地形だったこと、それを利した人工の立体構造が被されたこと、そのつくりの上で、行き当たりばったり、使い倒し続けてきた、人のたくましい営みがあったこと。だからこそ、襞は深まり、淀みが生まれ、破天荒な種々雑多をその特徴とする特異な町になった。

水清ければ魚棲まず。その故事の上を行く。いま、渋谷は、そんな大きな挑戦の最中にある。

代々木公園　景の無限パズル

この連載が始まった4月頃、新型コロナウイルスが猛威を振るいはじめた。代々木公園に通うようになったのは、それ以来のことである。

いや、よくよく思い出してみれば、公園は、3月の終わりからしばらくの間、閉じていたのだった。おそるおそる出かけて行った、閉鎖解除の日のことを、遠い昔のことのように、思い出す。駐車場は、ゴールデンウィーク過ぎまで閉鎖されていて、空っぽ。来園者は、歩いて来られる人たちにほぼ限られていた。「不要不急の公園利用は控えるよう」、呼びかけられてもいた。

家に閉じこもってばかりいれば、運動不足になる。だから、散歩やジョギングは必要なこと。「不要不急」でない公園利用とは、そんな使い方のことを指していたらしい。公園は、まずは、歩いたり、軽く走る場所として、再開されたのである。

毎日のように、公園まで歩いて行って帰ってきて、それでも、飽きることはないことに、そのうち気がついた。都心に近い割には、大きな森林公園ではある。とはいえ、限られた領域ではあるから、コースはどうしたって決まってくる。それでも飽きない。どうしてなのか。

ひとつには、公園の同じ要素が、角度を変えて、異なる景として、何度も視界に入るからである。有限個の要素でも、組み合わせを変えれば、ほとんど無限の景をつくりだせる。一足す一が三以上になる、要素の賢い使いまわしがなされている。

それが可能になるためには、遠くまで見通せることが肝心である。深い奥行きがあってはじめて、公園のさまざまな要素が視界に組み合わさることができる。防犯上の配慮からだろうか、木々は、目の高さあたりの下枝が払われている。結果、近景、中景、遠景が重なりあう。そのことが、この公園の景を豊かにしている。

公園が単一の要素からできていないことも、大切である。どこを見ても同じなら、飽きる。しかし、歩くにつれ、次々と新しい場所に出くわすようにできている。場所ごとに、木々の樹種が違う。そのたびに気分が変わる。ときに、見事な枝振りの大木がある。下草が刈られていたり、そうでなかったり、また踏み歩くことができるくらいに、雑草が浅く生えていたり。そのバラバラさに、全体を統べるストーリーはない。そこを歩くことは、一篇のすぐれたエッセイを読むのと似ている。

とはいえ、文体の統一がある。つまり、景の構図に基本的なトーンがある。目の高さで抜けたその先に、大きく水平に広がる光溜まりが浮かぶ、という構図に、何度となく遭遇するのである。視界の下側には、地面という近景の水平面、上側には木々の葉叢という、やはり近景の水平面がある。その上下の暗がりの水平面を切り裂くように、真ん中に光の水平面が現れる。公園中央に大芝生の広場が設けられているからである。大雨のときでも、大芝生は眩く輝いている。

景のこうした拡散と統一。これはけっして自然が為したものではない。逆に、きわめて人工的。そもそもの計画があり、さらに人が、その場その場の景をしっかりと確認しながら、丹念に、しかしやりすぎないように、手入れをし続けなければ、こうはならない。

完全な作為である。しかし演出的でもなく、キザったらしくもなく、自然に見える。崩れそうなそのバランスをかろうじて保っていることに、舌を巻く。何があるわけでもない。ただ歩いていて、たのしく、飽きない。

そんな空間が身近にあることが、生きるのには不可欠。疫災の時代に、そのことに改めて気づかされている。

II

銀座という層の重なり

1980年代の終わり頃から10年ほど、月島に住んでいた。引っ越したばかりの時分の勝鬨橋は、まだ深緑色。なんと橋の上から、鱸《すずき》を釣っている人がいた。食べるんですかと聞いたら、油臭くって食えねえ、と返ってきた。まだまだ長屋ばかりの島だったから、銭湯も多かった。レバカツのお店が、何軒かあって、買うと、何枚も重ねて、たっぷりとソースをかけてくれた。レバー料理が食べられる島なんて、まるでベネチアのよう、とちょっと自慢だった。よく買ったのは、「佐とう」というお店だったが、いまはもうない。月島はもともと、「下町」ではないから、もんじゃ焼き屋はほとんどなかった。増えたのは、住み始めてしばらくしてからのことである。

自分の建築設計事務所をはじめたのも、その月島。35歳だった。設計するのが楽しくて、来る日も来る日も、徹夜の連続。土曜の朝はそのまま、築地場内市場に買い出しに行って、建ち並ぶ食べ物屋で朝ごはんを食べて、ついでにお酒を呑んで、家に帰って、風呂に入って、一眠り。昼ごろ起きて、仕入れた魚を夕食用におろして、銀座までの散歩に繰り出した。

勝鬨橋を渡ってすぐに、右に折れる。しばらく行くと、市場の雰囲気が薄れ、明治時代に外国人居留地だった土地に入る。聖路加国際病院があるのは、明石町と呼ばれるそのハイカラな街である。まだ、タワーもなければ、新病院棟もなかった時期のこと。大きな敷地に、レーモンドたちの設計によって1933年に竣工したネオ・ゴシック様式の病院棟が建っていた。運が良ければ、礼拝堂でオルガンの演奏を聞くことができた。面会ロビーは、日当たりの良い快適な空間で、そこで、しばしの休憩をとった。

さて、と腰を上げて、北上する。新大橋通りを渡ると、角が「水作果物店」で、その先に「宮川食鳥鶏卵」がある。だいぶ黒ずんでいるけれど、銅板で外壁を葺いた木造建築だ。この手の「看板建築」は、関東大震災後に、耐火性能をあげるものとして流行した。この一帯に多かった。築地に市場が移ってきたのも震災後なら、「宮川食鳥鶏卵」も1929年に建てられた。このお店は今も健在で、何人もの人たちが白衣を着て、鳥を捌いているのが外から覗ける。お肉を買うと、竹皮で包んで渡してくれるのが、うれしい。

首都高を跨ぐ亀井橋を越えればまた、街並みがガラッと変わる。かつて木挽町と呼ばれた、江戸時代からの芝居の街である。歌舞伎座の裏にあたり、昔は、芝居茶屋がひしめく歓楽の空間だった。今でも喫茶店やとんかつ屋など、それらしい雰囲気が、そこはかとなく、漂っている。

昭和通りを渡れば、戦後、三十間堀川が埋め立てられたあたりに出る。道と道の間隔が、特別に狭くなっているのがその名残だし、街並みにはどこか、急拵えの感じが否めない。

そうしてようやく銀座通り。左が松屋銀座で、右が三共薬局。松屋銀座の角には、外国為替専門銀行の東京銀行が入っていて、いつかこんな銀行に口座を持てる事務所にまで育つことができたなら、と思ったもの。

さらにその先、銀座ガス灯通り、レンガ通り、並木通りと忙しく、直交する通りが続いて、西銀座通りに出る。帰りは、有楽町から、都営バスで、家までまっしぐら。

これが毎週末の日課だった。

そんなわけで、私にとって、銀座は、それぞれが異なる層が折り重なってできた、一種の空間的ミルフィーユの貫通体験としてあった。銀座は、一つの閉じた領域ではない。どこまでが銀座、というのはなく、それを突き止めようと剥いていけば、奥に進むにつれ、さらに層が細かくなっていって、終いにはなにも残らない。だから、その体験の全体こそを指して「銀座」と呼ばなくてはならない。私にとっては、そんな謎の体験として、銀座は現れたのである。海から皇居側に向かって、何層にも重なる薄皮たち。銀座とは、それを貫通する愉しみだった。

松屋銀座の角、かつて東京銀行だったところが、ルイ・ヴィトンのお店に改装されることになり、思いがけず、私にその外装のデザインを任されたのは、月島から引っ越してほどない1999年のこと。

ガラスに市松模様を施す。そこから45㎝内側に壁を設け、そこにも市松模様を施す。すると、模様が重なり、モアレが生じる。実在する層が2つ。でも見えるのは、その2つが重なって、現象として生じる第3の層。それは現象としての像である。だから、動けばそれにつれて像も動き出す。

その市松模様をルイ・ヴィトンは「ダミエ」と呼んだ。層の重なりが成す世界は、私にとっては、まさに銀座そのもの。その2つが合致して、デザインは完成した。

このときのデザインは、いまはもうない。また頼まれて、2013年に新しいファサドをつくった。今度はむしろ、そこが銀座通りに面するお店であることを意識した。中央通りという「薄皮」は、開国した日本で、西洋が、横浜港、新橋駅と一直線に入ってくる血脈であった。そうして伝わったアールデコと、もともとあった江戸小紋。その2つの記憶を合体させた。

並木通りは、銀座通りとは異なる、遊歩のための「薄皮」である。同じブランドのための建築をデザインしても、だから、違ってくる。2004年のルイ・ヴィトン銀座並木通り店のイメージの大本には回り灯籠があった。今年2021年、それを「渚の建築」として建て直した。この地は、中世、日比谷入江と東京湾に挟まれた、細長く海に突き出た土地でもあった。当時、海水はどこまでも澄み切っていたはず。その水で、建築をつくれないか。印象派の描いた水面を、実物の物質で実現することを考えたのだった。

表層は建築になりえるか

クロード・モネに、『ラ・グルヌイエール』という絵がある。1896年、モネが40代半ばの時の作品である。ラ・グルヌイエールというのは、パリからセーヌ川を下ったところにある行楽地。ルノワールと一緒に行って、キャンバスを並べて描いたと言われる。実際に、ルノワールにも、同名の、同じアングルの絵がある。比べてみると、モネの関心の中心が、水面にあることがわかる。深緑、灰緑、鶯色、露草色、白の絵具が、水平のストロークで置かれている。色は混ざっていない。にもかかわらず、不思議なことに、画面から、ゆったりと波打つ水面が、迫真力をもって迫ってくる。光学的に言えば、これは正しい描き方ではない。画面にあるのは、各色の短い線の集まりばかり。しかしそれを見る私たちの頭のなかで色が合わさり、光を受けてうねる水面の像が脳内に形づくられる。現実の光学的な写しではない。絵画が、ここにおいて、三次元の現実の二次元への投影であることをやめ、逆に、三次元へ投影されるべき二次元の現実になったのだった。

「筆触分割による視覚混合」と呼ばれる、こうした印象派の試みの後に、日本ではたとえば、福田平八郎の『漣』（1932年）がある。こちらになると、色はもっとずっと限定されている。地は、金箔の上にプラチナ箔を重ねたもの。そこに、岩絵具の青のみで小さな線の群が描かれている。画面の上に行くほど、線と線との間隔が狭まっていく。そんなつくりで、見る人の脳内に、岸辺に立って、斜めに見下ろしたときの水面の像を浮かび上がらせる。

絵画は、少なくとも西欧では、レンズを通してえられる投影画像を手本にしてきた。それを画面の上に定着することを理想としてきた。しかし、19世紀の半ばに差しかかる頃、画家の手を借りずに、それを化学的に紙面に定着する技術が発明された。そうして、19世紀の後半に入り、写真と呼ばれるその新技術が広く行き渡っていくなかで、それとは別の方法での「写実」を試みる先端的な画家たちの一群が現れてくる。画面という二次元上での現実の再現ではなく、それを見る人々の頭のなかに現実を再現する、そのための二次元の現実としての絵画、ということが試みられたのだった。

そんな二次元の現実を、もう一度、三次元の現実に戻してみる。「LOUIS VUITTON GINZA NAMIKI」の試みを一言で言えば、そういうことになる。筆触分割で描かれた水を立体化してみる。だから、出来上がったそれは「現実的」には見えない。絵が突然、現実の街にコピペされたように見える。ダイクロイック・ミラーは、光のなかからある波長を選んで、それを反射し、それ以外の波長を透過させる技術である。反射光と透過光が補色関係になる。今回、特注したダイクロイック・コーティングでは、反射光がオレンジ、透過光が全スペクトラムからオレンジを引いた色、つまりターコイーズブルーがかった色になる。そして、その透過光が、ガラスの裏面に貼られた白い乳白色のフィルムに当たることで、ガラス面がターコイーズブルーを反射する。つまり、外から見れば、反射光と透過光のどちらが優勢かで、オレンジとターコイーズブルーが交代する。面に起伏を与えれば、その起伏にあわせて、その交代がより強まる。ガラス面自体は大きな起伏ではないから、単なるミラーでは、さほど波打っているようには見えない。ダイクロイック・ミラーにすることではじめて、筆触分割となって、視覚混合が起き、うねりが見えてくる。

二次元上で実現されることを、もう一度、三次元の現実に戻す、というのは、「SIA青山ビルディング（現・ヒューリック青山第二ビル）」でも試したこと。ポツ窓の高層ビルを頭に浮かべて、紙に描く。窓の大きさはどうしたって不揃いになり、輪郭線は揺らぐ。そんなフリーハンドの絵をそのまま立体化し、現実の大きさにまで拡大してみる。そのためには、外壁から打ち継ぎ目地を消さなければならない。窓の開口は、単なる「四角」として見えるものとしてつくらなければならない。しかし、そんな無理を通せば普通招く、窓際からの雨水の「よだれ」は、つとに避けなければならない。持てる技術を総動員して、ドローイングが、現実の世界にそのままコピペされたような建築をつくりだそうとした。

こうした試みの実現には、かなりの技術の、かなりの時間をかけた検証が必要になる。

しかしそれは、たかが、表面の問題ではないか。内部の空間構成に、関わりがないではないか。これは「建築」なのだろうか。正直なところ、そんな戸惑いと、ずっと、つきあってきた。ルイ・ヴィトンのための最初の仕事「LOUIS VUITTON NAGOYA」以来である。

一応のけじめは、「ルイ・ヴィトン銀座並木通り店」でつけた、つもりだった。だから、ルイ・ヴィトンの店舗での試みが「一巡した」と書いた。外装とは包装紙にすぎず、装飾に過ぎない、そして、その装飾が純粋であれば、それは実際には存在していないある特定の内部世界への想像を誘う実体となりえ、それはまた内部空間と等価になりえるのではないか、と書いた。鷲田清一さんの『モードの迷宮』から、実体というのものが衣服の裏にあるのではない、というくだりも引用した。

しかしこのときの納得の仕方には、どこか、煮え切らないところがある。やはり内部空間は無視できない。実際、その後の仕事でも、内部空間の構成と帳尻を合わせようとしてきたからである。「LOUIS VUITTON MAISON OSAKA MIDOSUJI」の内部空間は、基本的にはユニヴァーサル・スペースである。階高にいくらか差があるが、基準階が積層されている。「帆」の集合という外装は、それがひとつの論理でできているという点で、その実体を裏切っていない。帆と帆との間の隙間は、ベランダとして使われうるし、また外の景色が直接見える場所をつくりだす。だから、帆の配置の決定には、内部空間側との協調を経ている。

とはいえ、内部空間は、商業施設の場合、やはりフレキシブルなのである。毎年とは言わないが、かなりの頻度で改装がある。ときには、床を抜いて吹き抜けをつくることもある。内部空間には、そうした可変性が要求されている。

そうした可変性、あるいは可変可能性をそのまま、外観のデザインにもってきたのが、たとえば、ポンピドゥーセンターである。あるいは、一連の「ハイテク建築」。仮設性を前面に出すことで、建築としての首尾一貫性を担保する。しかしなにも、商業空間や展示空間や工場空間の可変性を表現することの内的理由はない。百貨店の外装なら、その内部空間の可変性の表現以上に、ブランディングとしての役割の方が重要だろう。（ポンピドゥーセンターの場合は、「現場性」という美術館の思想表現でもあったわけだが。）可変性を、「建築」としての都合で召喚するのは、ヴェンチューリに倣えば「ダック」であり、これは「建築」を超えたより大きな視点に立てば、本末転倒である。

しかしだからと言って、「装飾された小屋」、つまり潔く、外装を本体からまったく切り離す、までは、やはり行かないのである。では、どうすればいいか。「LOUIS VUITTON MAISON OSAKA MIDOSUJI」では、まず外装のデザインがほぼ確定した後に、インテリア・デザインの参照源として、「スーパーヨット」が浮上してきた。小屋があってそこに装飾が付加される、ではなく、装飾があってそれが内側世界の構築のきっかけとなっていった。表層が、本来的にはそれ自体では形をもたない内部の性格を規定していった。小屋が先にあるのではない。まず装飾があって、ついで、その裏面に接する部分のあり方が決まり、そこから内側に向かって徐々に、外殻の世界が浸透していった。小屋と装飾の前後関係が逆転しはじめていたのだった。

「LOUIS VUITTON GINZA NAMIKI」は、形としては「柱」であるし、また実際、単純な柱に見える。それが、基準階がそのまま積み重なってできた建築であることを素直に表現している。しかし、その表層を、脳内で像を結ばせる、つまり現象を生じさせる、二次元絵画の実体化という面倒な過程を経たつくりにすることで、本来的には不定形なその内側世界を凝結させていっている。これはある意味で、最初の「LOUIS VUITTON NAGOYA」への帰還のようでもある。であれば、もしかしたら、ここにきてようやく、「一巡した」のかもしれない。

「衣服の向こう側に裸体という実質を想定してはならない。衣服を剥いでも、現れてくるのはもうひとつの別の衣服なのである。衣服は身体という実体の外皮でもなければ、被覆でもない。」

これが2004年に引用した鷲田さんの文であった。

たかが表層、されど表層

江戸時代以前の東京には、湾に細長く突き出た半島があって、江戸前島と呼ばれていた。今の銀座はその半島の先端にあたる。周囲はまだ青く透明な海だった。この建築は、当時のその水から成る柱、あるいは直方体として構想された。

外壁に使われているのは、高透過ガラスの合わせガラスで、外側ガラスの背面にはダイクロイック・コーティング、また内側ガラスの背面には白色フィルムを施している。ダイクロイック・コーティングとは、通常のミラーが可視光全波長を反射させるのに対し、誘電体多層極薄膜を真空蒸着させる加工のことで、特定の波長のみ反射させ、その波長以外を透過させる。そのため、光は、ダイクロイックによる反射光と、透過して最背面の白色フィルムで跳ね返される反射光に、分光される。結果、光源、ガラス面の傾き、見る視点の組み合わせによって、分光されたふたつの反射光の強弱が変わり、色が反転・流転することになる。ここでは、透過光が水をイメージさせるターコイズブルーになるようなダイクロイック加工を特注している。並木通りと交詢社通りの主要道路に面するガラス面は、緩く波打つ3次元曲面とし、透過した上で反射するターコイズブルーと直接反射するオレンジとが、繊細に交代する状況を生み出した。夜間のライトアップ用照明はなく、周辺の光の曲面ガラスへの反射のあり方そのものが夜景となる。ガラスはSG膜を用いる合わせガラスとし、中間層に差し入れた金物で支持することにより、外壁からサッシ枠を消している。2方向避難を可能にし、かつ客用と従業員用の2機のエレベータを持つ建築であるが、それらから成るコアを主要道路からもっとも遠い南角に寄せるとともに、その面積が最小限になるよう計画した。構造としては、鉄骨ラーメン構造を主体とし、履歴系・粘性系ダンパーを平面的・立面的に工夫して配置することで、外壁側の開放性、吹き抜け、階高のばらつきなど、層ごとに異なる要求空間に対して安全性を確保している。

ひとつひとつの建築物は、それが建つ地区全体から見れば、その組織を構成する細胞である。そして、その組織が全体として、ひとつの特有の性格をもつのは、それら細胞が、ほぼ同一の生成論理を持っているからである。したがって、その生成論理に変異が起きれば、その細胞のあり方は根本的に変わるし、それが全体からすればほんの一部の異変であっても、組織のアイデンティティは揺らぐ。だから私たちは、その細胞の生成論理に対して、慎重にならざるをえない。

その生成論理の中核には、細胞の規模、内部組織、形状などの決定因子がある。外皮の様相は生成論理の外縁にある。つまりかなりの自由度がある。その一方で通常私たちは、それら細胞内ではなく、細胞間での体験の総体を指して都市と呼んでいるわけだから、都市の側からすれば、外皮の様相こそがもっとも重要な因子になっている。重要度の順番は、おそらく、外皮の様相、形状、規模、内部組織だろう。ここに視点の移動による、因子の重要度の逆転がある。近代以降、建築は内外に跨る首尾一貫性を大きなクライテリアとしてきた。しかし、その要請は、都市という観点からは、かなり危険なのである。

LOUIS VUITTON GINZA NAMIKI
並木通り沿い夕景

ガラスによる帆のような柔らかさの実現

大阪は、水運に支えられて発展した都市である。江戸期には、一大消費地であった江戸との間を、数多くの菱垣廻船が行き来していた。海に浮かぶそんな和船の、風を孕んだ帆のイメージを、外装デザインの基にした。御堂筋に面する心斎橋と難波との間という立地で、この大通りが持つモニュメンタリティにふさわしく、しかし御堂筋に面する従来の建築が見せる重厚さを避け、かつ最近増えつつあるあまりに表面的な軽薄さも避け、華やかながら落ち着いたデザインの達成を心掛けた。大小10枚の「帆」のレイアウトは、直接、外が見えることが望まれる階と、景色は要らないが外光が望まれる階、また屋上テラスが望まれる階があり、その組み合わせ方をスタディして決めた。

帆は、2次元曲げの合わせ高透過ガラスで、木綿織物模様の白色セラミックプリントを最外部に施すことによって、ガラスであるにもかかわらず、柔らかな表情とガラスが持つ緑色感を弱めた。曲げの種類をできる限り減らすため、個々のガラスパネルと帆の全体形状との間で「最適化」を行なった。帆を支えるステイは、とくに夜間、透けて見えるため、その配置がデ

LOUIS VUITTON MAISON OSAKA MIDOSUJI
南西側夜景俯瞰

ザイン上重要で、形態と構造双方からの度重なるシミュレーションによって、最終形が割り出された。照明は、各帆の最下層辺に設置された特注LED光源のみによるもので、何度となくモックアップをつくり、検証した。

愚鈍に惑う

距離感のコントロール

建築は、距離感をコントロールできる。壁を築くと、こちらとむこうとの間に距離感が生まれるし、壁に窓を開けると、距離感を縮められる。

２０００年に竣工した小住宅「c」では、少し手の込んだ方法を使った。旗竿敷地の２辺に沿って、建物をL字に折る。すると、アトリエの窓越しに、折れ曲がった先の居間の窓が望め、その窓の向こうが覗けるようになる。そのことによって、アトリエで絵を描く奥さんと居間で遊ぶ子どもとの距離感を、実際の物理的距離としては近いが、遠ざけることができた。

２０１２年の「m」では、同じ方法を逆手に使った。ほぼ正方形平面の建物の縁に沿って、部屋のようなテラスがいくつか挟まれている。部屋のような、というのは、その外周側に壁があるからである。その壁に開口を設け、防犯用にダクタルでつくったル

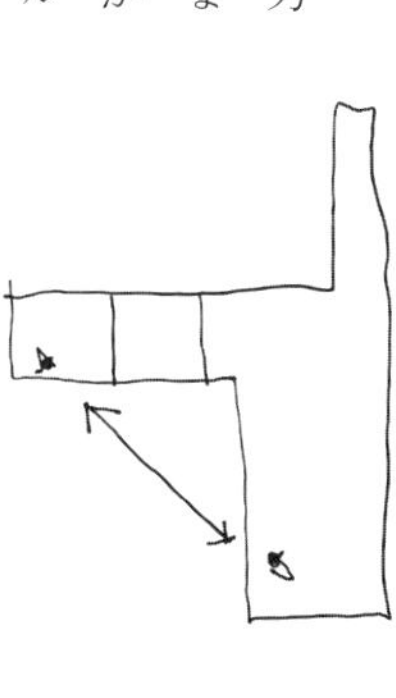

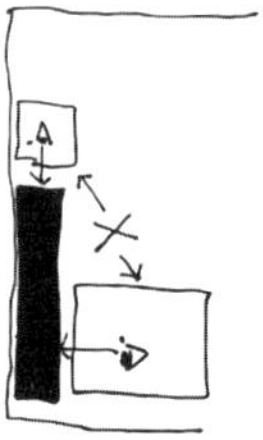

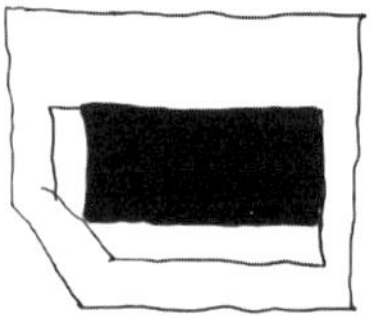

ーバーを嵌めた。それでかなり屋内的になったが、ガラスは入っていないので、やはり部屋ではなく、テラスである。そのテラスに直交して面する2つの部屋にそれぞれに窓を開けた。開口があっても、直交方向に置かれているので、部屋からもうひとつの部屋は覗けない。その関係を利用して、あるテラスでは、フル・オープンの寝室とフル・オープンのトイレを面させた。別のテラスでは、フル・オープンの浴室とフル・オープンの個室。鍵折れに配置された2つの部屋の交差部に部屋のようなテラスを設けることで、物理的には距離のある2つの部屋間で、距離感を近づけることができた。

この「m」以来の、7年振りの住宅「X」でも、距離感のコントロールは大切なテーマだった。

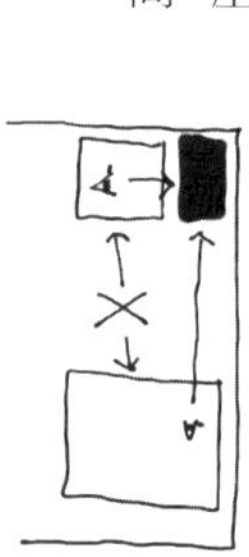

平面的に言えば中庭形式で、中心に置かれた長方形中庭の4周を、リング状の建物で囲んでいる。ただ、その建物がアプローチ側の2辺で中庭から引き剥がれ、隙間ができているのが新機軸で、その隙間を介して、外の環境と中庭とが、視覚的には切られたまま、空気的には繋げられている。

断面的には、中庭が地上1メートルぎりぎりの高さに置かれ、その下がキッチンを中心としたワークスペースになっている。そのワークスペ

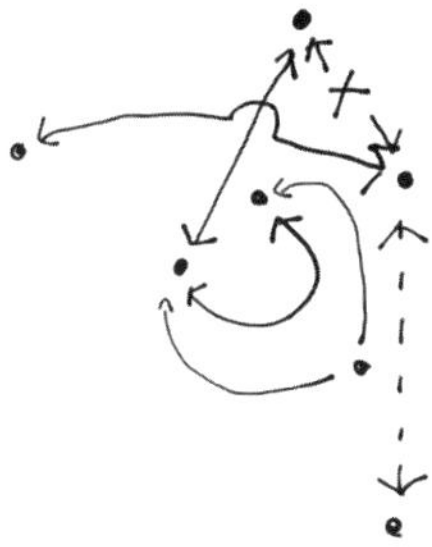

ースから1・1m上がった外周部が居間で、さらにそこから1・3m上がって中庭、と大きく、スキップフロアの構成になっている。

こうした全体構成をベースにして、住宅内のそれぞれの場と場との間の距離感が、開口の設け方によって、それに添った形で、あるいはそれを裏切る形で、コントロールされている。地下のワークショップと居間、また1階の居間と中庭とは一体感をもってつながり、距離感がほとんどない。中庭を大きな窓から見下ろす2階の読書コーナーからの中庭もごく近い距離感。その一方で、中庭を挟んで対峙する居間と洗面所は遠めの距離感になっている。寝室は、ほかの空間とは心理的には切れていて、しかし空とは近い。

空間構成が決める場所と場所との距離と、それに被さる開口のあり方によって規定される距離感。そのあわいでうまれる距離の濃淡、あるいは空間の奥行き。それをコントロールすることがこの住宅の設計のなかで、ひとつの大切な「建築的」な側面だった。

距離感は、建築を考えるとき、とても大切なテーマである。いやもしかしたら、そこに存在している人やモノの間にある距離感を適切なものとして選び、それを実空間に配置・設定することが、つまり建築だと言ってしまってもいいかもしれないくらいに。

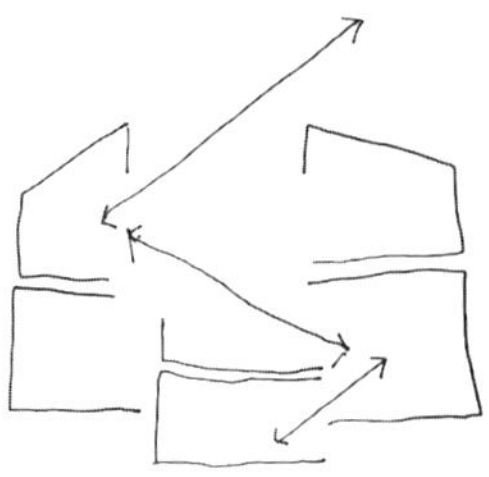

今和次郎のバラック

関東大震災の直後、今和次郎は、被災地を歩き回って、バラックをスケッチした。そしてバラックを「天気のいい日に生物の表面が特別に愉快に緊張しておる態のよう」と形容した。震災によって裸になった生というナカミに、人々がどのようなウツワを用意して、それに形を与えるのか、その生き生きとした根源的な建築営為に強い衝撃を受けた。この関東大震災を契機に、彼は、それまでの農村の民家調査から、考現学に向かうことになる。ナカミとウツワの関係が固定されたものではなく、生成され続けている生命体であることに目を開かれたのだ。

ただ、バラックの出現の前に、ハットがあった。ハットとは、家を失なった人々の、傷つきやすく、不定形の生というナカミをまずは守るものとして建てられた、「貧しく、そして消極的な、自給的な工作過程から生まれる」仮設小屋のことである。ナカミとウツワという比喩がそのままイメージさせるのは、このハットの方だろう。彼は、そうしたハットを観察して、焼け出された家から運び出したもとからの所有物がその内部空間に、震災後に「なかば」所有した薪木のようなものが、屋根の上など、その外部空間に配置されていることに気がついた。始原

「さまざまなバラック」
（「震災バラックの思い出」、『今和次郎集 4 住居論』、1971 年、ドメス出版）

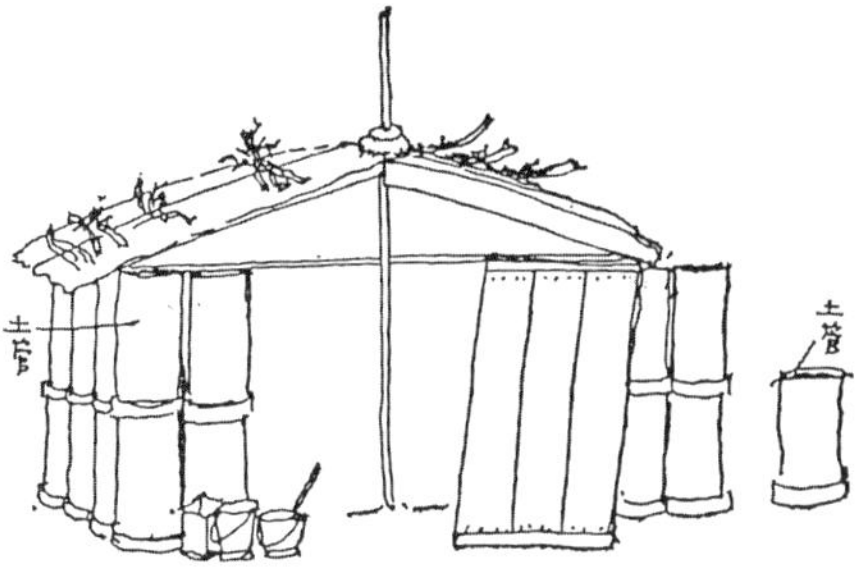

「震災直後のバラック」
（「震災バラックの思い出」、『今和次郎集4住居論』、1971年、ドメス出版）

の小屋においても、人とモノとの距離は、測られ、カテゴライズされ、コントロールされている。安全に休息できるための最低限の建築においても、ウツワは単なる容器ではなく、ナカミを秩序立て、それに形を与える抽象的な力学としてあった。

バラックとは、こうしたハットの後に「大工の手で建てられた」「より大きな流通経済の社会での必要によってつくられる建物」のことである。宅地の表側には、商売用に着飾った「バラック」が建てられ、裏側にはハットがそのまま大きくなったような、焼けトタンの「バラック」が建てられるようになっていく。彼は、この裏にあって確実に存在しているが、次第に人々の視界から消えていくハット的バラック群が、都市に生命を与える「心臓となり、血管となっている」と捉えた。しかしそれらはそのうち「隠されてしまう」。だから、「それらの存在を主張するために」、「堂々と正面から、世の紳士たちを征服するために、世の婦人たちにも復しゅうするために」、「はでな衣装に武装して、町のいたるところに現われることになる」と書いた。バラック装飾社の活動は、一見、深遠な美を体現しているかに見える都市景観の虚偽を暴くものだった。

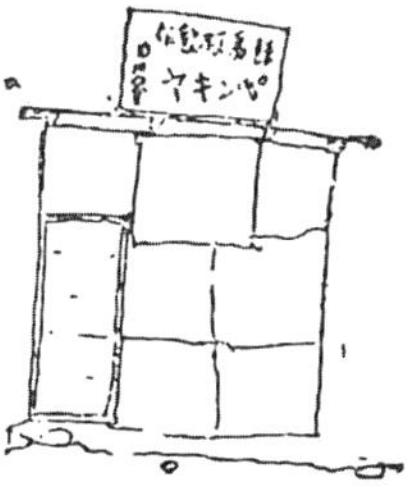

「焼けトタンの家」
（『考現学入門』今和次郎、1987年、筑摩書房）

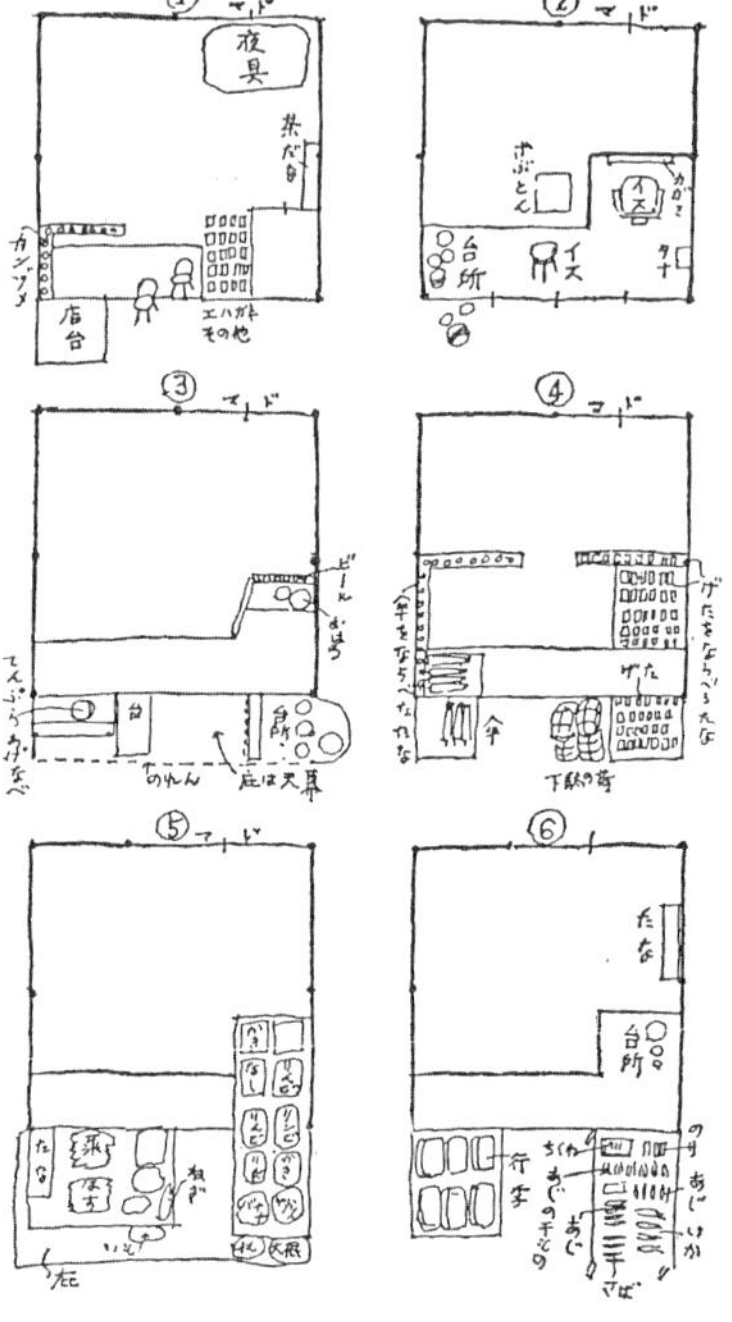

「公共バラックの通りに面した間取り」
(「震災バラックの思い出」、
『今和次郎集 4 住居論』、1971年、ドメス出版)

当時のスケッチのなかで興味を惹かれるのは、「公共バラック」の通りに面した商店の間取りである。それはすでに、バラックが、どのような素材によって、どのような造形で、つくられているかのスケッチではない。同じつくりのバラックが、干物屋、八百屋、下駄屋、床屋に使われる。それら商品や商売道具が、どういう距離で、どう配置されるかを克明に採集・記録したものである。そこからは、動揺期の人々の都市風俗のさまざまな側面を観察し、数量化し、記録する考現学まで、もうほんの一歩だ。

今和次郎はこうして、「人間と物との間に現れる諸関係の探究」にたどり着く。諸関係を記述するには、視覚的にモノの配置関係として表す、あるいは数値化するのが手っ取り早い。モノやデータがなければ、諸関係はそうそう把握できないからだ。しかし、諸関係そのものは目に見えない。感じられるだけのものだ。

モノがなければ、モノが配置されなければ、建築はできない。しかし、建築はモノそのものでもなければ、配置されたモノそのものでもない。あるいは、ヒトがそこに介在しなければ、建築にはならないが、介在する人の存在そのものが建築なのではない。モノがなければ、ヒトがいなければ、建築は成り立たないが、しかし建築とは「それら」ではなく、それらの間にある「諸関係」である。建築をそこまで抽象化したのが今和次郎だった。考現学はもはや建築物という造形をもたない「建築」についての学だった。

くうき

この目にみえない「人間と物との間に現れる諸関係」を、ぼくは「くうき」と呼んできた。そして、そこにふさわしいと思われる特定の「人間と物との間に現れる関係」を、その建築において張ることを、「くうきをつくる」、と言ってきた。距離感のコントロールは、そのためのひとつの重要な方策である。

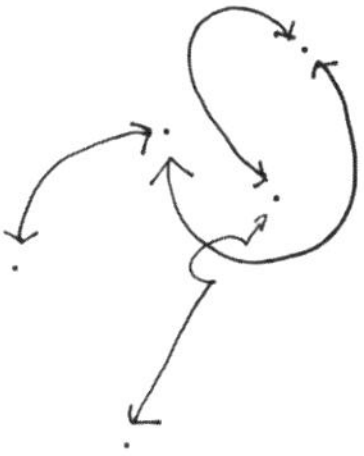

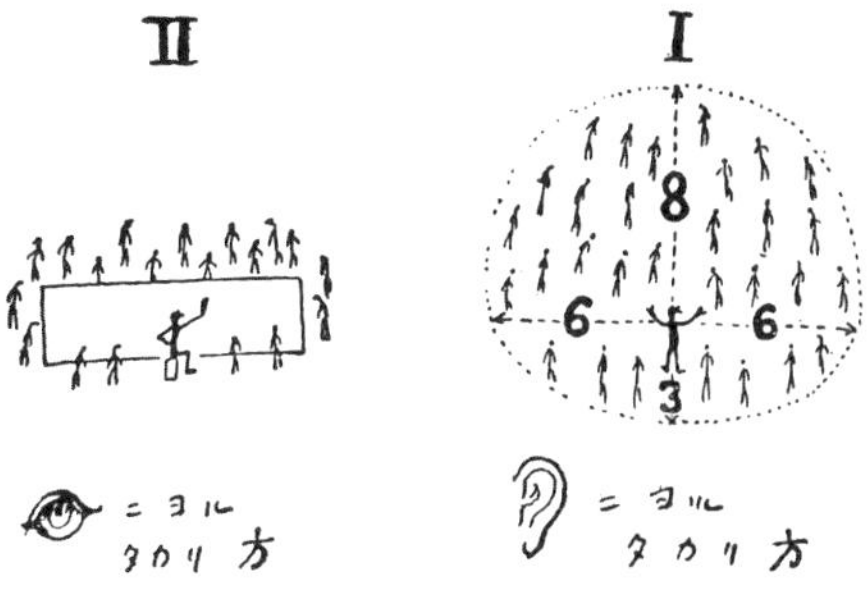

「きくによるたかり方とみるによるたかり方」
（「露天大道商人の人寄せ人だかり」、『考現学入門』今和次郎、1987年、筑摩書房）

くうきだけをつくればいい。だが、実在の建築物だと、モノもカタチも見えてしまう。モノやカタチは、抽象的・心理的に感知されるだけのく

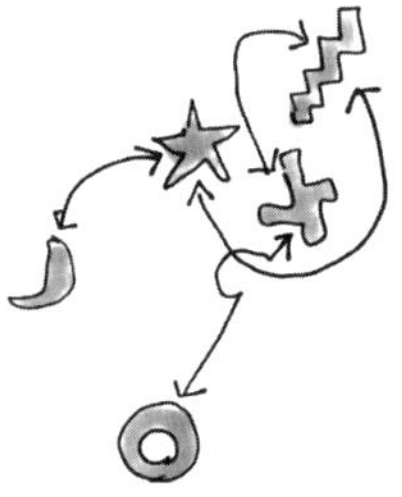

うきをつくろうという立場からすれば余計で邪魔な存在だ。でも、そのことを引き受けなくては、実在の建築物をつくることはできない。

モノやカタチなどどうでもよい、ということではない。モノやカタチは、どうしたってそれを見、触れる人になんらかの影響を与えてしまう。その、影響を与えることを「表現」と呼び、その影響の内容を「意味」と呼ぶならば、どんな建築物も、表現や意味から免れることはできない。零度の記号は、残念ながら、ない。

だから、建築物はつねに表現をもち、意味をもたざるをえないことを前提にして、しかしくうきをできるかぎり純粋に生成させようとするなら、表現と意味を消し続けなければならない。それらを消し去ることはどだい無理な相談なのだが、消し続けるという運動の状態を保てることができれば、求めるくうきがある程度はすっと浮かび上がってくる。あわよくば、の話ではあるが。

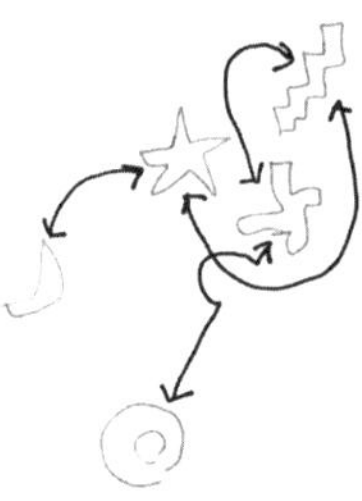

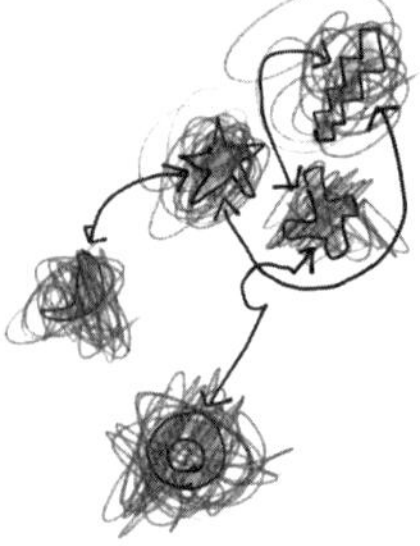

モノやカタチを追求することを造形主義と呼び、モノやカタチではなくコトを追求することをとりあえず活動主義と呼ぶなら、くうきへの道は、両側にあるそのどちらの谷にも転落しない隘路を行くこと、である。表現に陥りそうになる寸前で踏みとどまり、意味が発生しそうになったらはぐらかし、造形主義にはまりそうになったら逃げ、活動主義になりそうにな

ったら引き返す。

おっとっと。

外部からの切断としての家

建築をくうきとして捉えれば、家を町に開くことは、家を周辺に対して字義通りに開くこととを、そのまま意味しない。

いや、そもそも都市部の住宅が建ち並ぶ環境では、字義通りに、つまり物理的に開くというのは、2つの意味で暴力になりかねはしないだろうか。

たとえば、もし隣の住人が自分たちの生活を見られたくないタイプの人であるなら（そういう気持ちを抱くのは隣人の自由であるわけだが）、こちらを開くことは、むこうを閉じさせることを招きかねない。こちらの北面に開けた大きな窓が、ちょうどむこうの居間に開けられた南面の窓に面するならば、隣の生活はずいぶんと不快になるだろう。実際、これは自分が経験したことで、もとからあったこちらの住居の、南に面した隣が建て替えになり、新しい住宅ができたら、その住宅が北に大きなテラスを持つつくりで、そのテラスの方が、こちらより1メートルほど高く、こちらの居間がやや見下ろされる関係になってしまった。しかも住み始めた隣人は、家で仕事をする人で、しょっちゅうテラスに出て携帯電話で仕事先と話している。悪気はなく、単に無頓着に住宅をつくった結果かもしれないが、そ

のおかげでこちらの居間は、天気が良く気持ちのいい日でも、カーテンを閉めなくてはならなくなった。これが一つめの暴力の可能性である。

二つめの暴力はもっと、家というものについての観念にかかわっている。

人間は社会的な動物である。人と交わり、また交わらないと生きていけない。しかし、人間はなにかに集中するとき、人と切断される。逆に言えば、人と切断されているときが集中している状態ということになる。この切断された状態を「ソリチュード＝一人であることで自分自身と対話している状態」と言う。それは一人ぼっちで寂しいという意味での「ロンリネス」とはまったく異なる種類の「孤独」である。そして、人間にはソリチュードが必要である。

ソリチュードをもたらすこの切断は、もちろん、物理的な切断とイコールではない。ファミレスでないとシナリオを書けない演出家がいる。家に個室があるのに、わざわざスタバに行って勉強する受験生がいる。都市は、不特定多数に囲まれるソリチュードを生みだした。ソリチュードに必要なのは、物理的な切断ではなく、心理的な切断である。

　で、家とはなにか、と言えば、ぼくは、それをソリチュードが保証される場所、と定義したいのである。だから、一人旅でソリチュードをえられる人にとっては、旅先が家である。だから、ファミレスが家の人も、スタバが家の人もいる。家とは、物理的な家（以下、住宅と略する）そのものではない。が、住宅をつくるなら、少なくとも家と呼ばれるべき

場所の集合のなかで、中核となる場所としてだろう。つまり、住宅は、その外との間に、まずは心理的な切断がなければならない。という意味では、住宅は、ハンナ・アーレントが言うような意味で、「公的領域」ではなく「私的領域」に属する空間であり、その「私的領域」の安定的な存立の保証こそが、各人の公的活動を下支えしている、ということになる。だから、住宅を物理的に開くことで、この心理的切断が得られなくなるなら、仮に住まい手がそうとは意識していない場合でも、それはその住宅が住まい手に暴力を振るっている、と言ってもいいだろう。住宅を町に開く、というのは、だから、住宅を物理的に開放することをそのまま意味しない。短絡はとっても危険である。

もっともこんなことは、建築家以外は、みんなとうに分かっていることだが。

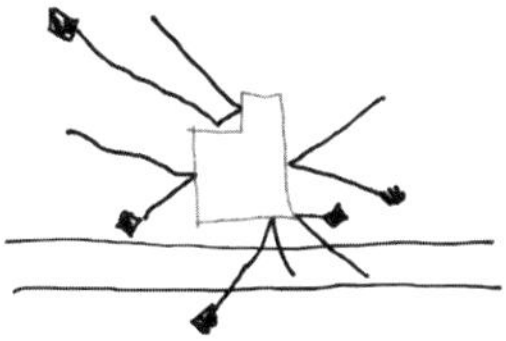

住宅内部での切断

心理的な切断とは、ある程度以上の距離感をもつことである。したがって、住宅では、外と内で、適切な（というのは、住まい手が望む度合いという意味だが）距離感によって、適切な心理的な切断が築かなければならない。そしてまた、そのひとつの住宅に家族つまり複数の人間が住み合わせるなら、そのそれぞれの間にも適切な（というのは、住まい手それぞれが望む度合いという意味だが）距離感の場が張られなければならない。

つまり、住宅の設計とは、こうした外と内の、また内の各場所間の、複雑な距離感の交錯を、コントロールすることである。くうきをつくる、とはこんなことを言う。

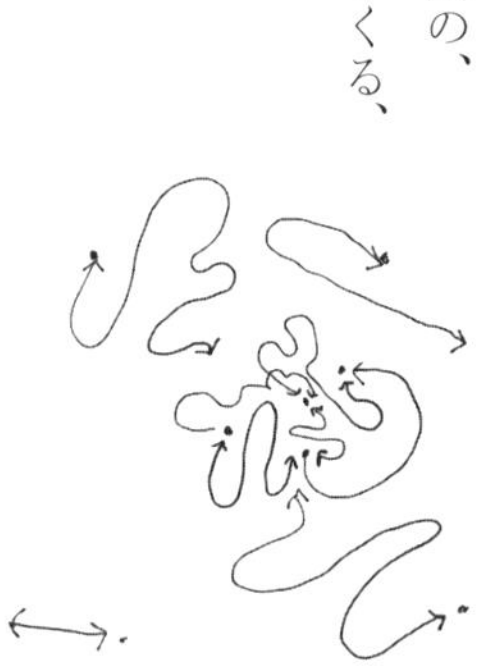

多木浩二が持ち出した「快適性」

そうそう、思い出した。

独立して自分の仕事を始めた頃、だからもう半世紀くらい前のことだが、多木浩二さんを囲む座談会に加わったことがあった。話題の中心は「快適性」。多木さんが、これからの建築家は、身体的な意味での快適性というものとは別の、「実体のない快適性」というものを織り込んで考えなければならないのではないか、と言い放った記憶が残っていて、いまでもときに、その問いが刺さるのである。

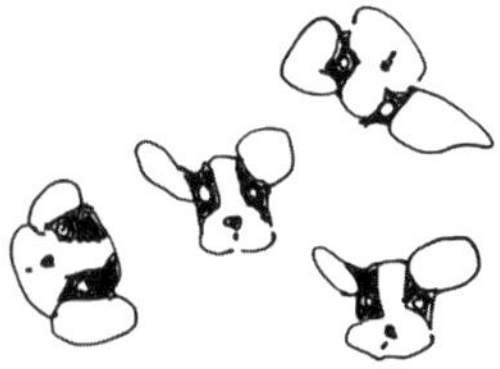

実体のない快適性というのは、ややこしい言い回しになってしまうが、自分ではなく周りの人たちが、「こんな生活が快適」と思っている快適を、自分自身の快適にしてしまっている、そんな意味での快適性のことである。根拠もなければ起源もない。にもかかわらず、お互いに忖度に忖度を重ねて、いつのまにか皆が内面化してしまっている、いわば共同幻想的な快適性のことだ。そして、これまで建築家は、そんな実体のない快適性を嫌って、それを否定するか、無視してきた。

たとえば「モダンリビング」という言葉があったし、今もある。これは、日本の、現実としての家族や住環境から、その課題を解決すべく内発的に生まれてきた住宅像あるいは生活像ではない。そうではなく、雑誌やテレビ番組を通して入ってきた、アメリカの、とくに西海岸のモダニズム住宅と、そこでのライフスタイルのイメージだ。バックグラウンドも違えば、日々の生活も、それを成立させている社会基盤もまったく違う。にもかかわらず、それらをいっきょに飛び越え、強烈な憧れとして入ってきた「快適」のイメージである。

ぼくにとっても「モダンリビング」はあった。たとえば中学のとき、初めてガールフレンドと二人で、電車を乗り継いで行った映画館（と言っても、大泉学園から銀座までなのだが）で観た「卒業」の世界。それは、以来長いとこ、世の中にこんなに自由な社会があるのか、という感慨をぼくに抱き続けさせてきた世界だったが、これが単純な「自由」などではなく、アメリカ社会のなかにおける裕福なユダヤ系家族の世界、というバックグラウンドの上でしか成り立ちえないものであることに気づいたのは、ずっと後になって、たまたま観かえしたときのことだった。「モダンリビング」は、基本的に、バックグラウンドを欠いた虚構のイメージである。正しいか間違っているかでいえば、言うまでもなく、間違っている。

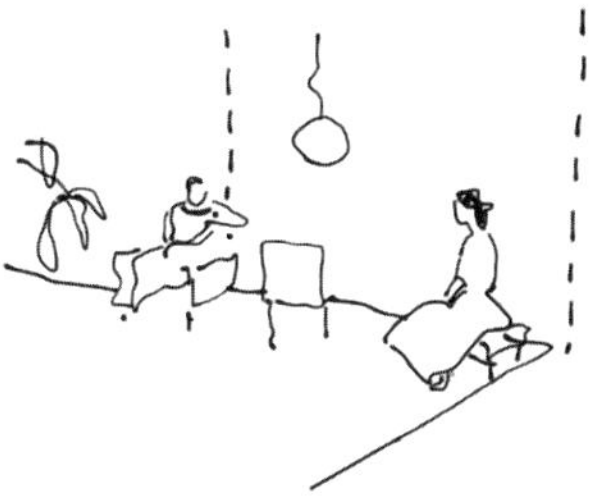

だから、「ま、モダンリビングだね」は、建築家がある住宅を見て、それがバックグラウンドにあるはずの社会に根づいておらず、虚構を無反省になぞっただけの浮ついたデザインである、と貶すときの常套句になりえたのだが、よくよく考えてみれば、ぼくたちが生きている社会そのものが、実のところ、「モダンリビング」をひとつの快適な空間像として無批判に受けとる社会なのであった。

「ほしいものが、ほしいわ」は、糸井重里による1988年の西武百貨店のコピーだが、ぼくたちはいつの頃からか、そんなトートロジックな社会のなかで生きることになってしまっている。

モダニズム・プロジェクトの頓挫

そのような蒙昧に陥らない、理性を持った独立した「個」にまで、人々を進歩させようというプロジェクトが、20世紀のモダニズムだった。皆がそういう人間になれば、話し合いのなかで正しい道が選ばれるはずで、その結果、世界は良くなる。そう信じられたから、虚飾を嫌い、理屈の立たない慣習を捨て、物事を理性や合理性のもとに判断しようとした。インターナショナル・スタイルに代表されるモダニズム建築も、爽やかな爽やかすぎる「モダンリビング」も、単なる実空間における様式あるいは趣味以上のもので、それらは、皆が理性によって判断し行動する『個』にまで進歩したあかつきに、人々が好んで住むはずの住空間を、先取りして実現したものとしてあった。来るべき社会の、それを構成する要素の、建築空間という部分的な側面での実現。それがモダニズム建築が目指したことだ。建築家はその先頭に立って、アバンギャルドとして、まだ到達していない大衆を先導し、社会を切り開かねばならなかった。

しかし、20世紀のこのモダニズム・プロジェクトは、頓挫してしまった。前衛たちが引っ張っているはずの大衆が、まだ理性によって判断したり行動したりできていない人々でも、まだ自分の言葉を持てていない人々でも、まだ大人になれていない発展途上の子供たちでも、けっしてなかったことが、わかってきたからだ。

動物は、感情や欲望や思考を持ち、それらを行動原理とする生き物である。人間も動物である以上、同じことだが、人間の要望は、動物としてのそれに加え、共同幻想的なそれからできていることがわかってきたのである。共同幻想的な欲望には根拠がなく、言葉にもならない。またそれを認めてしまえば、「個」の自律にたどり着けない。だから、理性は共同幻想的な欲望を否定する。しかし前衛といえども、そこからは免れない。

そうである以上、20世紀のモダニズム・プロジェクトは成り立たない。だから、これからの建築家は、共同幻想的な欲望を込みにして考えていくべきではないか。多木さんが、快適性という言葉を持ち出して言おうとしたのは、たぶんこういうことだったのだと思っている。

理性・それ自体に内在する論理・抽象

20世紀のモダニズム・プロジェクトは頓挫した。では、モダニズムそのものが終わったのだろうか？

モダニズム建築がルネサンスから始まるとしたのはマンフレッド・タフーリだった、かどうかはともかくとして、いま自分がしていることをメタの次元から見る視点を持つこと、つまり

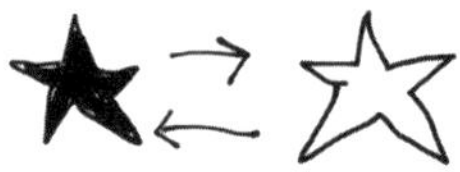

自意識を持つことなく、独立した「個」による世界を目指すモダニズム建築は始まりえない。たしかに、ルネサンス期に、建築家は、いま自分がしていることを、時間軸というメタで捉え始めた。「建築の歴史」が発明されたのである。

社会学では、こういう意味での狭義の自意識、つまり自己対象化のことを、リフレキビリティ（「再帰性」という翻訳があるが、これだと堅くてちょっとわかりにくい）と呼んでいるそうだ。アンソニー・ギデンズは、その能力は人間にそもそも備わっているものであって、モダニズム以前でもそのリフレキビリティは存在していた、ただしそれが伝統あるいは慣習の枠内において発揮されていた、というような言い方をしている。その立場からすれば、20世紀のモダニズムは、このリフレキビリティが伝統あるいは慣習の枠外に飛び出し、それのみが物事の正当性を測る根拠としようとするプロジェクトだったということになるだろう。「昔からそういうものだったから」や「みんながそう思うから」では理屈にはならない。「なぜこうでなくてはならないか」を、理性的に、それ自体に内

在する論理によって根拠づけなければならなくなったのが20世紀のモダニズムだった。

それを実現するためにはまずは、現実を、色眼鏡を外したまっさらな目で見ることが必要だった。しかし目の前の現実は、さまざまなモノやコトや欲望や理屈が不分明に絡み合い、溶け合った流動体である。これでは、一筋縄では捉えられないし、要領を得ない。

そこで、抽象化、つまり本性と属性とを分別化することが要請された。本性を軸にして、物事を整理し秩序立てようとしたのである。

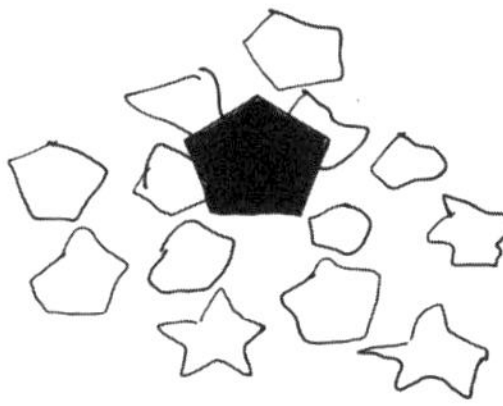

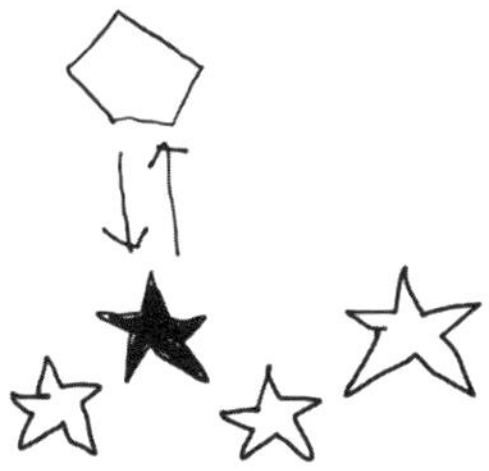

抽象は強力な武器だった。抽象のおかげで、容易に、現実は明確に整理され、構造化され、図式化された。それがあまりに強力だったから、20世紀のモダニズムは、抽象の専制時代に突入していくことになる。建築の世界で言えば、課題の図式化にとどまらず、その図式がそのまま実体化される時代になったのである。もっともこの過程にあっても、建築に携わる少なからずの人たちが、居心地が悪く感じてきたことも事実である。把握しがたく複雑なこの現実を、こんなにスマートな図式に還元してしまっていいのか、現実はもっと豊かなのではないか、もしかしたら、図式にすることがどこかで目的化していないだろうか、と。

具体をどう呼び戻せるか

そう、抽象は、先に進むための一車輪に過ぎず、それは具体との両輪があってはじめて成り立つ行ないなのである。抽象は強力であればあるほど良いが、それに見合った具体がなければ、どこにも辿り着けず、ただ同じところを回り続けるままだ。それがそのまま実体化され、現実を蝕んでいってうまくいくはずがない。

そんななかで、ブリコラージュの発見は、具体の復権のひとつの表れだった。具体とは、諸相を捨象しないで、物事をさまざまな性質を担ったものとして「そのまま」捉えることを言う。レヴィ・ストロースが「未開人」の行為に見たものは、抽象を経て予めつくられた設計に基づく実体化とはまるで違うものだった。それは、ありあわせの物を、試行錯誤を経て、世界に関われる物にまで組織化していく具体の行為だったのだ。ブリコラージュには、物事から離れ、自律する論理はなく、言葉で説明もできない。が、それでもそこには「構造」があり、その一点において、近代人の行為と同等の「思考」であった。

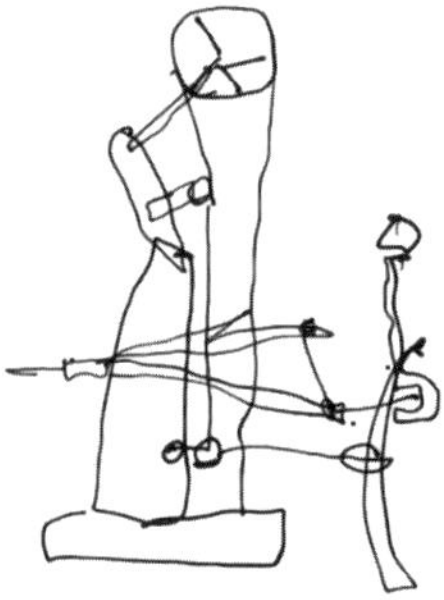

レヴィ・ストロースは、ブリコラージュにおいても、それ自体に内在する論理によって根拠づけられた「構造」があるとしたわけだが、その理性はすでに、「昔からそういうものだったから」や「みんながそう思うから」という根拠を排除するような理性で

はなかった。理性を、無意識的な、非言語的な、あるいは共同幻想的な根拠にまで広げた時点で、それはもはや20世紀のモダニズムにおけるリフレキビリティのあり方を超えていたのである。

抽象が見境なく暴走した20世紀のモダニズムの残滓は、今もある。たとえば、図式をそのまま実体化しようとするメンタリティ。たとえば、言語化された現実の課題をそのまま現実と信じてしまう誤謬。たとえば、論理の短絡的実体化という暴力。

くうき、あるいは人間と物との間に現れる諸関係のコントロールが、20世紀のモダニズムを超えたリフレキビリティのあり方だと言うのではない。ただ、抽象の専制が破綻した廃墟のなかで、具体をどう呼び戻せるのか、愚鈍に惑うことからしか、ぼくたちの未来はないと思うのである。

テンポラリーなリノベーション

私より前から言葉はある。言葉を覚えなければ考えることができない。感じることもできないかもしれない。それは一方で、考えることや感じることはいつも、その言葉がもっている枠組みに縛られているということだ。その枠組みの外に、ちがう考え、ちがう感覚があるにちがいない。しかし、言葉を捨てれば、考えることも感じることもできない。だから、言葉を越えようとする瞬間、言葉を壊そうとする瞬間、言葉を変えようとする瞬間にしか、そのちがう考え、ちがう感覚は現れない。

同じことは、私をとりまく世界つまり環境にも言える。環境はいつも私より前からそこにあり、その環境に私の考え、感覚は依存する。だから、その環境の外にでようとする瞬間にしか、私のちがう考え、ちがう感覚はない。だから、そこにある環境とその外にあるはずのちがう環境との境界近傍がもっともクリティカルな場所であり、その外を見たいという欲求から、私はその近傍をうろついてきた。外には出られない。出ようとする瞬間を持続するしかない。

その行ないを「建築」と呼ぶなら、つねに私より前に私をとりまく世界があるわけだから、すべての建築はリノベーションだ。そして、その意義が瞬間にしかないならば、リノベーションはテンポラリーであるに越したことはない。

環境に働きかけるということ——藝大青木淳研究室の歩み

2019年度、東京藝術大学美術学部建築科教授に着任しました。2023年度をもって定年に達するため、最初から、5年間という時間の限りを強く意識しての就任でした。その5年間で、日頃、「建築」について考えてきたことを、学生たちに伝えていきたいと思いました。

建築とは、私たちに先立っていまここに存在している環境に対して、想像力をもって働きかけ、私たちの存在の基盤である環境そのものを揺り動かすこと、と考えてきました。どういう方向に揺り動かすはそれぞれの自由です。肝心なのは、一見、盤石の存在に見える目の前の環境もまた、それぞれの意志によって改変できるし、またそうすることによって、私たちは「自由」になれる、ということです。

そのことを、実践を通して伝えられたらと思ったのでした。

私の研究室に所属する大学院1年生たちに、そのことを目的としたプロジェクトを行なってもらうことにしました。それが、「テンポラリーなリノベーションとしての展覧会」でした。

建築科の大学院入試は9月に行われます。したがって、最初の大学院生を受け入れたのは、2020年度からでした。2023年度に大学院生をとると、彼ら彼女らが修士2年に進級したとき、すでに退官になってしまっていますので、2020年度、21年度、22年度の3年間だけ、大学院生をとるつもりでした。

「テンポラリーなリノベーションとしての展覧会」は、3回で完結するひとつの企画でした。展覧会とは作品を見てもらう／見にいくためにつくりあげられる一時的な環境です。作品の内容がよく、それがうまく伝わると、よい展覧会と言われます。そして、ほんとうによい展覧会だと、作品と環境との境が溶け合い渾然一体となって、そこを訪れ、時間を過ごすその体験そのものが、私たちの内のなにかに働きかけるものです。

この事態を、環境の側から見れば、すでにここに存在し、私たちの存在の基盤である環境がなにかによって改変され、その環境が私の固まりかかった存在を揺り動かしている、ということになるでしょう。作品が不要というのではなく、作品という項を仮に括弧にくくった見方をすれば、という話です。

「テンポラリーなリノベーションとしての展覧会」とは、このような視点で、いまここに存在している環境に働きかけ、一時的に、それを一定の方向に変えてみせることであり、それはまさに、日頃、建築について考えてきたことと重なっていました。

課題文をここに載せておきましょう。

課題─テンポラリーなリノベーションとしての展覧会

建築で「空間」と言うとき、それはなにもない場所という意味を指していません。建築の世界での「空間」とは、地面や、川や、樹木や、塀や、さてまた壁や床や天井などの、つまりは建築など、複数の事物があって、それらが張り巡らされている場、ということを指しています。その意味では、私たちのまわりには空間が満ちていて、逆に言えば、空間でない場を探す方がむずかしいのです。

建築とは、そのような空間を扱う行為であり、そして、この世の中という、空間だらけのところでそれを扱うのですから、具体的には、すでにそこに存在しているあるひとつの空間に手を加える、ということになります。

つまり、すべての建築は、広い意味でのリノベーションなのです。

東京藝術大学建築科青木淳研究室では、こうした広い意味でのリノベーションに、修士1年生が共同して取り組み、実際にテンポラリーな形ではありますが、実現します。

しかし、テンポラリーなリノベーションとは、空間の側から言えば、「展覧会」そのものではないか、というのが、私たちの立場です。なぜなら、展覧会とは、ある空間を作品の配置によって、ある一定の時期に、もともとの場所とは違う空間にする行為であり、もしも「作品」を括弧にくくって見れば、それはテンポラリーなリノベーションとも言えると思われるからです。

「テンポラリーなリノベーションとしての展覧会」を企画し、実践しなさい。

この課題に対して、2020年度の大学院1年生たちは、東京藝術大学上野キャンパス・正木記念館を対象として、そこに置かれた備品を配置し直すことで、その空間が持つ特質を強調しようしました。タイトルは〈シン・マサキキネンカン〉、企画・実践は、荻野紗、齋藤悠太、藤井雪乃、山田寛太でした。(担当教員は教授・青木淳、助手・澤田航。)

2021年度の大学院1年生たちは、渋谷駅前の桜丘フロントビル1階の「SACS渋谷」を舞台として、現実の渋谷の街さながらに、展示を構成する個々の要素が独立した搬入／設営／搬出という動きのなかにある状態をつくりだしました。タイトルは〈鳥は泳ぎ続ける〉、企画・実践は、大貫友瑞、河上朝乃、高井爽、松井一将でした。(担当教員は教授・青木淳、助手・笹田侑志。)

2022年度の大学院1年生たちは、有楽町駅前の新有楽町ビルB1F「旧理容室」を起点として、手渡されるインストラクションを手掛かりに、有楽町の表と裏を訪ね歩くことで、普段とは異なる街の顔を浮かび上がらせました。タイトルは〈HAPPY TURN〉、企画・実践は、月ヶ瀬かれん、仲野耕介、見崎翔栄でした。(担当教員は教授・青木淳、助手・笹田侑志。)

これで、3回の「テンポラリーなリノベーションとしての展覧会」が完結するはずでしたが、とある経緯があって、2023年度も大学院生をとることになりました。

そこで、退官記念展として、その大学院1年生たち（秋山真緩、大岩樹生、佐野桃子、三輪和誠）と、番外編としての「テンポラリーなリノベーションとしての展覧会」を開くことにしました。

今回だけは、学生たちの自主企画・実践というのではなく、青木、笹田が前面に立つので、番外編としました。

とはいえ、これもまた、建築というものがつねにひとりの個人に帰属できないように、青木個人の、あるいは青木と笹田の「作品」としての展覧会ではありません。建築は、ひとりの個に収斂していくものではなく、外に向かって広がり、ばらけ、にもかかわらず、一貫した「質」を保つものです。

そのことをはっきりさせるために、何人かの「外部」の人に開こうとしています。

グラフィック・デザイナーの菊地敦己さんには、「キャプション」という側面から関わってもらいます。アーティストの小金沢健人さんには、「パフォーマンス」という側面から関わってもらいます。建築家の中村竜治さんには、もうひとりの建築家として関わってもらいます。

見知った世界が見知らぬ世界に変貌する瞬間

「雲と息つぎ」は展覧会であると同時に、私にとっては「建築」である。というのも私は、「建築」を、物理的に建てられた建物という意味よりはずっと広く、私たちが生きている世界の外側に出ようとする行ないと考えてきたからである。私たちは、私たちが生きている世界に縛られている。それが息苦しい。だからその外に出たい。しかしその外の世界もまた、もうひとつの桎梏であることには変わりないので、自由は外側に出ようとするその瞬間のなかにしかない。自由は、私たちが今生きている世界と私たちが未だ知らないもうひとつの世界との境界面を突き抜ける瞬間にしかなく、見知った世界が見知らぬ世界に変貌するその瞬間の体験が「建築」である。建築とは、目の前にある世界のリノベーションの瞬間なのである。展覧会タイトルは、その真綿のような桎梏を雲と呼び、雲海から上に出て一息つく瞬間を表わしている。「雲と息つぎ」がテンポラリーなリノベーションの対象としているのは東京藝術大学陳列館である。見知った世界が見知らぬ世界に変貌する瞬間が目指されているので、そこになかったものはできるかぎり排除される。逆にそこにあったけれど、見えていなかったものに焦点が当てられる。見えていなかった最たるものは、この建物自身である。展示内容だけに目が行っていたのを、それを包み込み、それを展示内容として成立させている陳列館というウツワという、もう一回り大きな枠組みが見えるところまで視点を引くことが試みられている。また1階における可動間仕切壁という、その空間の可変性を保証する大切な備品の存在への視線の確保と、それと対になって本来なら2階において同様の役割を果たすはずの、しかし実際には存在していない「可動間仕切箱」のテンポラリーな出現が果たされている。また、1階と2階それぞれの空間とも、それを際立たせることなく上下2層に分けられていることに焦点が行くための補助線として、白い帯が宙に渡されている。その帯の連なりを雲とすれば、その上に顔を出すこともまた息つぎであろう。展覧会タイトルは掛詞になっている。

5年間というかなり限られた期間の東京藝術大学建築科での教職であったが、私は、私にとっての「建築」の意味を学生たちに伝えられればと思った。そこで、私の研究室に入る修士1年には、毎年、「テンポラリーなリノベーションとしての展覧会」を企画し、実践することを課してきた。学生たちは共働して、1年目は大学内にある正木記念館を、2年目は渋谷駅前にある商業ビルの1階を、3年目は有楽町ビルと新有楽町ビルのそれぞれ1室を対象として、この課題に応えてくれた。今年度は私がディレクションを取り仕切ったが、この3回は教員側は批評にまわり、学生たち主導で行われた。だからそれらは私自身の「建築」観とはずれているだろう。しかしそこに幾分かの揺らぎがあっても、それぞれが「建築」という雲から顔を出して息つぎする瞬間を体験できたとすれば、教育者としては本望である。

藝大陳列館について

陳列館は、東京美術学校の展示施設として、1929年5月に建てられた。設計はその頃、上野に多くの建築をものしていた岡田信一郎だ。1926年に東京府美術館、1927年に寛永寺護国院庫裏、1928年に黒田記念館、上野公園での最後の大規模な博覧会となった1928年の大礼記念国産振興東京博覧会の主だった施設と、この地に続けざまに彼の設計による建築ができあがっていた。ちなみに、東京府美術館はのちに東京都美術館となって、1975年に前川國男の設計で建て替えとなったため、いまはない。陳列館はそんななかにあって、小粒な、かわいらしい建築として、ある。鉄筋コンクリート造の2階建て、外壁には、黒田記念館と同じく、茶色のスクラッチ・タイルが使われている。上部には、円柱の列柱がならぶ、本体より一回り小さい白い箱が載せられている。ハイサイド・ライトのための塔屋である。じつは、この建築が建って4年後の1933年、京都では、大礼記念京都美術館が竣工している。私の設計スタジオは、2015年からその美術館を西澤徹夫建築事務所と組んで、大規模な改修設計にとりくんだのだが、その展示室（以降、当時の呼び方だった「陳列室」と記すことにする）のつくりが、東京藝大の陳列館ととても似ていることに気づいて、おもしろく思ったものだった。どちらも2階建てで、1階が縦長の連窓を左右に持つ陳列室、2階がハイサイド・ライトを持つ背の高い陳列室。陳列室の幅は、どちらも約8メートル。京都は、前田健二郎の基本設計だから、設計者は違う。にもかかわらず酷似しているのは、おそらく、このつくりが当時の陳列空間のスタンダードだったからだろう。京都の場合は、1階が工芸の陳列を、2階が絵画の陳列を想定してつくられていた。

東京美術学校はどうだったのだろうか。1階の空間を特徴づけているのは、天井に露出した梁と、全体に白漆喰で仕上げられたなかで茶色に塗られた巾木だった。これも京都と同じこと。ただし、京都の巾木が非常に大きかったのに対して、陳列館はそこまで大きくなく、213・5ミリ。丁寧に刳形が施されているがうれしい。天井の方は、のちに空調器などが追加されたときだったろうか、ボードが張られたので、もはや裸の精悍な姿はない。梁の両端にはわずかにハンチがあり、これもまた京都と同じことであるが、この部屋の個性をつくりあげることに寄与している。

開館した頃の藝大陳列館の写真は、寡聞にして見たことがないので、京都の例からの推察になるのだが、1階には壁側に寄せたガラスケースと、部屋の中央に置かれた大きなケースが使われたと思われる。（京都では、前者を「覗きケース」と呼び、後者を「電車ケース」と呼ぶ。電車と呼ぶのはさすがに誇張ではあるが、たしかに巨大なのである。）

両側の連窓は、これらケースに自然採光を与えるもの。つまり、1階陳列室では、陳列ケース内に置かれた作品を見下ろして鑑賞することが想定されていて、空間は上部の大半を占める自然光に満たされた領域と、その光が作品に降りかかるそれだけでは暗がりでしかない足元の領域に二分されている。水平に外に向かって伸びていく明るい領域と、その下の光溜まりの床近傍の領域。ただし、この上下2層という構造は、「覗きケース」のようなものが置かれたときにはじめて意識されるものであり、存在はしているけれど、基本的にはそうと感じられない潜在的なものであり、そこにこの空間の上品さがある。

なにもそこになされたことがそれとわかるようにつくられる必要はない。空間とはそこで起きていることの背景であって、空間そのものは見られる対象ではない。月を指せば月を認む愚は慎まれている。

上下2層構造は、2階陳列室でははっきりと認識されると思われるかもしれない。下層には窓はない。上層には四周に窓がまわっている。さらに、下層がひとつの空間として独立して感じられるようにするために、下層の四周上部に水平な庇がまわされている。しかし、正確に言うなら、それは庇ではない。まわされているのは軒蛇腹。軒蛇腹は、壁なり柱をデザインとして完成させるためにあるものであるから、本来なら壁や柱の上部にそれらと連続して施されてしかるべきもの。

ここではその連続関係が切断され、壁の上に内側に張り出した形で取り付けられている。そのため、この軒蛇腹までが下層であるようにも、あるいは軒蛇腹から上層がはじまるようにも知覚される。両義的。一見、明確に表現されているように見えるものを凝視すれば、そこに曖味さが現れる。これもまたこの建築の上品さ。上層と下層との間に、どちらに属するか、にわかには判断できない層が挟まっている。なければ明快、あれば空気が湿り気を帯び、曇る。上空にうっすらとしかし厚みのある巻層雲がかかっている。それが下界のかすかな曇り日をつくる。巻層雲を突き抜ける。そこは透明でうららかな上界。光の粒が満ちている。

III

原っぱの行方

かつて建築の世界では、奥野健男の『文学における原風景』がよく読まれた。槇文彦は、「Another Utopia」で、こんなふうに紹介している。

一九七二年に刊行された、奥野健男の『文学における原風景』は建築家にとって衝撃的な評論であった。七〇年代の初め、建築、都市の状況に対してある種の閉塞感が漂っていただけに、原風景が我々にとって現在の都市の存在感と密接に繋がっているということのエッセイの指摘は、きわめて新鮮であった。私も子供の頃、家の近くの原っぱで友人たちと存分に遊んだ記憶がある。（槇文彦、「Another Utopia」）

キーワードは「原っぱ」だ。「原っぱ」こそ、「原風景」だからだ。奥野は１９２６年の生まれ、槇は１９２８年の生まれ。原っぱの情景を伝えるのに引かれるのは、１９２７年生まれの北杜夫の『楡家の人々』や『幽霊』だ。

原っぱの隅には古びて廃墟じみた赤煉瓦の建物の死骸が残っていた。昔の楡病院の病棟のなごりであったが、あちこち崩れかけ、未だにむなしい、おぞましい、傷ついた空洞をもつ形骸をさらしているのだった。子供らもそのそばには近寄りたがらなかった。なぜなら彼らの間では、そこは「気ちがい女が首を吊った跡」と口々に言い伝えられていたからだ。従って彼らは、この自分の貴重な遊び場、いくらか気味がわるいなりにそれだけ魅力的なこの空地を、「脳病院の原っぱ」と呼んだ。(北杜夫、『楡家の人々』)

原っぱには、楽しさと凶々しさが共存していた。原っぱは、まずは、児童公園のような「お仕着せの遊び場」ではなく、「非公認、非合法に子どもたちが占拠した秘密の遊び場」だったからだ。それに、「人さらいだと子供からおそれられていた大きな籠を背負ったバタ屋が、〝原っぱ〟に小屋掛けしてそのまま居着いてしまうこともあった」し、また「ごみ捨て場になり、犬や猫の死骸や得体の知れぬ骨が転がっている場所もあった。」

そんな記憶を辿りながら奥野は、原っぱとは、聚落のはじまりであったもともとの聖域《サンクチュアリ》が、いつしか禁忌《タブー》空間に遷移したことで、都市の空洞として残り、さらにその来歴が忘れ去れた空間なのではないか、という仮説を立てている。子供たちがそこで「無意識的で無目的な」遊びに没頭するのは、彼らが原っぱのその来歴を遡って、「原初的な素朴な人間性に還ろうとする」、そんな人間の本能の現れではないか、というのである。

この本の素敵なところは、原っぱの情景が具体的に記録されていることだ。「草の根、芋づる、球根を掘り起こす。蟻やもぐらの巣を掘り返す、石をひっくり返し、その下にいるゲジゲジなどの虫をおそれおののきながら殺す。穴を掘り、おとし穴をつくったり、その中に隠れる。」「泥や砂に、池から汲んで来た水を混ぜる。土まんじゅうを捏ね、トンネルを掘り、とりでをつくり、土を捏ねて皿や人形や動物をつくり出す。」「水鉄砲、シャボン玉、水溜りのおたまじゃくしやぼうふらやあめんぼうや水すましをすくう」。「カンシャク玉やピストルの紙火薬、黄燐マッチ、レンズで紙を焦がす。」「兵隊ごっこやピストルを撃つ泥棒ごっこ」。「おしくらまんじゅう」、「かくれんぼ」、「鬼ごっこ」、「ゴロベース、キャッチボール、野球」。「ベイゴマとメンコ」。

これらの情景は第二次世界大戦前、１９３０年代前半の原っぱのものである。もちろんそれから第二次世界大戦を経て、一世代後のぼくが、１９６０年代前半に経験した原っぱは、それとはだいぶ違っている。

ぼくの時代では、原っぱは、宅地造成の途中でうっちゃっておかれたため、私有地であるにせよ、赤錆だらけのバラ線（軍事物資だ）が、子供たちのくぐり抜けでところどころ広げられたり、切られたりしていた土地だった。中は、子供の背丈ほどのセイタカアワダチソウが繁茂していて、かき分けて進むとオオナモミ、コセンタグサなどの「ひっつき虫」（北米からの帰化植物だ）が、セーターに絡みついた。アワフキムシやカマキリの卵が、藪のいたるところに見つかった。砂利と土管(インフラ整備の材料だ)があって、戦争ごっこの基地になった。武器は銀玉鉄砲か2B弾で、今考えたらその原っぱで遊ぶ子供たちを当てにしていたとしか思えない、駄菓子屋がその隣にあった。棒状のコンニャクゼリーを歯でしごくと、舌が真っ赤になった。赤錆とペンキの色と混じりあったドラム缶(やはり軍事物資だ)が何樽か転がっていた。そのドラム缶を背にして、幾分かの広がりがあって、三角ベースができた。ボールを追って、藪に突進すれば、ネズミの死骸に出くわした。

違うところは多い。しかし、そこが公認されていない治外法権的な空地であったこと、一寸先に見てはならない凶々しさが潜んでいること、それゆえか、この世界にありながらも別世界へのとば口でもあったことが共通している。

あの凧あげの戦慄をおぼえているだろうか。風に向って懸命に走ってもめったにはあがらない凧が運よくあがったとき、凧はみるみる虚空へ遠ざかり、風にゆられ、遥かに小さく眺められる。その凧とは細い一本のひもだけでつながっている。まるで自分の魂が虚空へとぶようなたよりなさ恍惚それこそ眩暈の遊びである。ぼくは快感より、心細さで、おしっこをもらしたほどだ。(奥野健男、『文学における原風景』)

原っぱの風景は、世代によって、地域によって、大きく違う。なのに原っぱという言葉は、なつかしさと凶々しさが混ぜこぜになった場所の感覚を、多くの人に共通して思い起こさせる。

1963年生まれの岡崎京子の『リバーズ・エッジ』に描かれる河原にも、原っぱの系譜はつながっている。

河原のある地上げされたままの場所には、
セイタカアワダチソウが
おいしげっていて
よくネコの死骸が転がっていたりする
（岡崎京子、『リバーズ・エッジ』）

「原風景」とはだれか一人だけの心にあるものではなく、人間にとっての、ひとつの根源的な共同感覚を指すのである。アメリカの町にも、sandlotと呼ばれる子供たちの聖地、原っぱがあった。原っぱについて考えるとき、このことは大きい。

この原っぱという原風景を、奥野は、バシュラールに倣って、「都市の中での〝隅っこ〟」と言い換えた。しかし、「隅っこ」とは何のことだろう？

たとえば、北杜夫を見ようか。『幽霊』では、「家から一町ほど離れた」「脳病院の原っぱ」が、自分にとってすべてを熟知した「周知のものになっていった」ことに触れられた後、その原っぱの先にある墓地で従兄と迷子になった体験が語られている。すっかり道を失って、心細さにしおれて歩いていると、従兄が「ほら、あそこはもう原っぱさ」と言う。その瞬間に訪れた「もうすこしで笑いだしそうになった」安堵と、それが誤りであったことを知ったときの大きな狼狽。

原っぱが「周知のものになっていった」というのは、その空間が自分自身と分かち難く一体化していった、ということだ。「ぼく」が原っぱになり、原っぱが「ぼく」になる。しかし人は、いつまでも、そんな原っぱのなか、つまり自分のなかだけで、生きていくことはできない。いつか、そこから外に出ざるをえない。そして一歩出れば、広大無辺な世界（ここで語られている墓地は、青山霊園である）が広がっていることに気づく。

子供は、原っぱを出て、原っぱが、つまり自分が、この世界の片隅であることを知る。そしてその時、「ぼく」はぼく自身であることを発見する。こうして人は、幼年期から少年期へ成長する。

と考えていくと、「隅っこ」が、物理的な意味での片隅という以上に、まさにバシュラールが『空間の詩学』で書いているように、「ぼくはぼくの存在する空間だ」という詩句が示す意味での、存在の「もっともみすぼらしい」「避難所」であることがわかってくる。

原っぱは、都市における「隅っこ」かもしれない。しかし、「隅っこ」という言葉からもっと素直に連想されるのは、小屋ではないだろうか。ぼくはなかでも、川崎長太郎の小屋を思い浮かべる。

川崎長太郎は、1938年5月から1958年7月まで、キティ台風でトタン屋根の大半を飛ばされるまでの20年間、小田原の海岸に建つ物置小屋で寝起きし、小説を書いた。

人間の棲家とはいえまいが、とにかく赤畳が二畳敷いてある小舎である。私名義のものなので家賃の心配はない、南に向いて観音びらきの窓があるので日当りには申し分がなく、目の下から防波堤まで六七間近くの空地に、よくおしめや腰巻や着物など干される。そのあい間から一望のもと海が見えるのである。日ざしは屋根のトタンのすき間や小穴などからさしこんで、その移動につれ、今何時頃と大体時間の見当もついて私は床を離れるのである。しかし日や月ばかりでなく、ふきぶりの日には雨も見舞って寝ている顔にかかり、目を覚ますこともある。もともと魚の箱や樽を入れるためにできた小舎なのだから便所はない。朝の用は容器ですまし、夜になってそれを浜に捨てに行くのである。朝めしを食う食堂や郵便局の洗面所で、始めて手を洗い顔を洗う。日あたりはいいが、曇り日の寒さは強い。屋根も周りともトタン一式で、壁とか板とかは用いてないから冬の小舎の空気は外より凍みるようである。吐いてみると息が白くみえる。それに火鉢というものを置いてない。東京でもひと冬下宿屋で火鉢なしで過した経験があるが、小田原の冬もそうで、火鉢や炭はどうにか手に入る勘定だが、第一は無精者とて毎日火をおこすのがめんどうなのである。ついでに、留守の時火鉢の火の不始末から火事を出してはと恐れるのである。そこで私は蠟燭のあかりで暖をとることにしている。電灯はなく一本十二銭の太めの蠟燭をつけているのだが、そいつで本も読めば手もあぶるのである。

この原稿を書いている机は、ビール箱に木綿の大風呂敷をかぶせたお粗末なもの、蠟のこぼれやインキのしみで大分よごれてきた。室内装飾というのも妙だが、二つの額が吊してあり、二枚の地図がはりつけてある。知友から贈られた小説本その他が重なり並び、一輪ざしに紅梅の一枝をみる。まあそんなところであろうか。おしめがくれにしろ海の眺望、これが何よりのものである。また寝つきにも目ざめにも耳にきこえてくる波の音であった。（川崎長太郎、「蠟燭」）

ぼくには、この描写もまた、「原っぱ」を思わせるのである。ともかく、朝起きて、彼は物置小屋を出ると、食堂に向かい、日がな一日、歩いた。一義的には、脳卒中になるのを防ぐためである。しかし、その散歩はそれ以上のものだった。

敗戦後も同じ筆法だった。あてもなく、ぶらぶらと、大空の下を、足の向くままに歩いて行く気持は、何か侘しげなような、心愉しいような、書いたり読んだりすることより、もっと自分にぴったりする感じのものだった。足代がままになると、箱根の山の中、伊豆の磯路あたり、よく遠歩きするようだった。日に一度は、早川の観音さまに出かけ、おまいりはせず、そこの茶店の縁台に腰をおろし、黄金色の茶をのみ、一文菓子をつまんだ。往復に、ざっと二時間、かけがえのない日課であり、その日その日の色どりだった。(川崎長太郎、「偽遺書」)

唐突に「筆法」と置いて、書くことと歩き廻ることを、こともなく重ね合わせる。引用がついつい長くなるのは、彼の文章を書き写していると、歩行のリズムが感じられ、心地よく、なかなか止めるきっかけがつかめないからだ。川崎長太郎にあっては、筆法とはすなわち、歩くことだった。

こうした場合、生の中心は歩き廻ることのなかにあるわけで、小屋はいきおい、生の周辺、「隅っこ」に追いやられる。というのが不正確なら、小屋、食堂、「町中、城址、海岸、近在の田圃」、そして抹香町と呼ばれた遊郭からなる、いくつもの地理的点をつなぎあわせた円環を巡る、歩行の反復が生であって、それぞれの点は、それがどれであっても「隅っこ」としての相を帯びざるをえない、と言い直したほうがよいかもしれない。どこにも中心がなく、どこもが片隅としてある。

ここでも、「隅っこ」は、単なる物理的な意味での片隅ではない。

しかし、彼の小屋を「隅っこ」、つまり存在の「もっともみすぼらしい」「避難所」にふさわしいものとしているのは、その小ささでも、粗末さでも、電気、水道の通っていないことでもなく、それが本来的に「魚屋の商売道具や、近所の漁師から預かった網や縄が、一杯詰め込まれた」物置小屋であったことではないだろうか。実際、その物置小屋は、「マッチ箱のように小さい」母屋と比べて、「不釣合に大きい」もので、決して粗末なものではなかったという（川崎長太郎、「忍び草」）。

試しに、それが小さな、自前の掘っ建て小屋だったとしたらどうだったかを想像してみれば、少しはっきりするかもしれない。

たとえば、あり合わせの素材で、雨風をしのぐばかりに、即席に編まれた貧しいバラックであったとしよう。すると外の世界は、その小屋の巣めいた閉じた暗がりと対比される、明るく豊かな開かれた世界に感じられてくる。抹香町が華やかで艶やかな世界に輝きだし、貧しさのなかで無理して背伸びした時空に思えてくる。

あるいは、「赤畳が二畳」よりは一回り大きい、『方丈記』の一丈四方（今でいう四畳半程度か）の庵であったとすれば、それとは逆に、外の世界は、出家遁世した小屋の清貧に対しての、「財あれば、おそれ多く、貧しければ、うらみ切なり」の俗世である。抹香町は、俗の最たるところかもしれない。

しかし、川崎の「抹香町もの」は、一読してすぐにわかるように、そのどれもが、豊かさ／貧しさ、明るさ／暗さ、閉／開、清／濁、聖／俗という位相に、そもそも属してはいない。抹香町は、女たちにとって、また話の主人公にとって、身を寄せる「避難所」ではある。しかしそれは誰にとっても、ほんのひとときの仮の居処で、皆がそこを通り過ぎ、交差するだけの頼りない、そう、「もっともみすぼらしい避難所」なのだ。つまり、その場所はそれぞれの人為を超えて存在するところでありながらも、そこに安心してすがり、身を寄せられる安全な場所でもあるという、矛盾した性格をもつところであって、その矛盾において、いかなる二項対立による定位からも逃れているのである。

「隅っこ」とは物理的に中心と対比されてイメージされる片隅のことではなく、こうした過渡性に裏打ちされた、対比されるものを欠いた、絶対的な片隅のことである。それが川崎長太郎の描いた世界であり、それが彼の文学の本質的な構えだった。

そんな文学が書かれた場所が、同じく、ひとときの雨宿り的な、間借り的な「寄る辺」としての、漁のためという先住の機能を抱えた物置小屋であったことは、偶然ではなかったと思う。

ぼくも、ある空間の質を指して、「原っぱ」と呼んだことがある。

「原っぱ」とは、そこを使うことではじめて、そこで行われることが決まってくる質をもった空間のことで、その逆に、あらかじめそこで行われることが決まっている空間を「遊園地」と呼んで、空間がもちうる特性の両極を対比的に代表させた。

どちらがいい、という話ではない。どんな空間も「原っぱ」と「遊園地」の間にある。だから設計ではいつも、その位置どりを正確にコントロールすることが求められる。とはいえ、「原っぱ」が等閑にされ、どんどんと失われていっているのが今の世の中だから、少しは「原っぱ」の肩をもとうではないか、というのが、書いたことの趣旨であった。

では、そんな原っぱは、どのようにしたらつくられるか。

その問いに対して、ぼくはとりあえず、決定ルールのオーバードライブによって、と答えた。たとえば、コンテンポラリー・アートのための空間は、別の機能のために建設された空間からのコンバージョンが多い。火力発電所をリノベーションしたテート・モダン、工場からのコンバージョンのディア・ビーコン、駅舎からのハンブルグ駅現代美術館。それらはたいていは、きわめて実用的な――しかもその機能のために最大効率化された――空間が転用されたものだ。そこでは、建物のかつての目的はもう見えなくなっている。しかし、その目的達成のために、隙なくとことん追求され、そこから隅々まで決められた力は残っている。

コンテンポラリー・アートという領域は、「つくる」という人間のひとつの本性に直結する。だから、それは原っぱを求め、あるひとつの決定ルールがオーバードライブされつくした空間の転用という手法を発見した。であれば、はじめから根拠を欠いた決定ルールを採用し、オーバードライブさせれば、原っぱができるのではないか。こんな仮説のもと、青森県立美術館を設計した。

しかし、と、最近振り返って思うのは、テート・モダンに転用される前の火力発電所が、あらかじめそこで行われることが決まっていた、ということだ。つまり、結果的に生まれる「原っぱ」はもともとは「遊園地」の最たるものだったのである。であるならば、「原っぱ」と

「遊園地」は、ほんとうに、空間がもちうる特性の両極なのだろうか。別の言い方をするなら、原っぱはそれ単独で、つまり遊園地という基点なくしてつくりだせるものなのだろうか。もしかしたら、原っぱとは、遊園地が機能という殻を破って出てきたものなのではないか。蝉の若虫の背が割れ、折れ曲がった翅がゆっくりと拡がり、まだ緑がかった半透明の、その初々しさを見ながら、そんなことを思うのである。

川崎長太郎の物置小屋のように、遊園地の、その機能あるいは目的から逸脱が原っぱをつくる。しかし、その原っぱも、いつしか機能あるいは目的に覆われていき、遊園地として固まってくる。そこで、遊園地が新たに獲得したその機能あるいは目的からもう一度、逸脱する。そうした流転のなかの、過渡的な初々しい過渡的な状態が、原っぱなのかもしれない。だとすれば必然的に、原っぱは失われる運命にある。しかしだからこそ、原っぱは「原風景」になる。

片隅であり続けることは、中心なく歩き回ることであり、原っぱを考えるとは、逸脱の初々しさを維持する術を考えることである。

立原道造の「建築体験」

立原道造の描いた絵、特に風景画は、垂直線が目立っている。

街並みを正面から描いた「街上比興」という絵がある。1929年とあるから、15歳くらいの頃のものだろう。電柱が、画面の中央やや左よりに屹立している。同じ頃の「道路工事［1］」(＊1)でもやはり、太いまっすぐの柱が、中央左寄りに垂直に描かれている。俯瞰気味に捉えられているので、上部の様子はわからない。しかしその柱が、電柱であることは、ほぼ間違いない。

やはり1929年の「荒廃」は、一見、木立のなかに小屋が散在している景と見える。が、よくよく見れば、幹と見えた丸棒に看板が付いているものがある。また、上の方に腕木が3対、横に張り出しているものもある。いわゆる「ハエタタキ」の電柱である。1929年といえば、関東大震災。なるほど、これは震災後、雨後の筍のように街に湧き出たバラックの集落を描いた絵なのである。林立する柱身は木立ではなく、仮設電柱の見誤りであった。

1931年頃の「無題［山峡の家2］」などにも、垂直線は現れる。ただし、ここでの垂直線は、樹木だ。

残された絵の数々をこうして見ていくと、立原が、画面に筆を垂直に下ろすときの呼吸が感じられてくる。まず垂直線が描かれた、とまでは言わない。しかし、筆を上から下に下ろす運動が、そうして一本の垂直線が画面に現れ出ることが、ひとつの絵をつくっていく運動にあって、たいへん重要な瞬間だったことが、疑いようもなく感じられる。


立原道造の建築にはまた、よく「塔」が現れる。大学を卒業し、勤めた石本喜久治の設計事務所で担当した「某病院計画案」〔＊2〕でも、塔は重要な要素であった。その塔の、ひとつの案がスケッチされた奥好宣宛の書簡が残っている。「塔をつくるのがむづかしくて幾日も幾日もかかつてゐますけれども出来あがらないのです」という言葉が添えられている。塔といっても、独立して建つ塔ではなく、建物の側面にあるやや張り出した階段室の部分のことである。村野藤吾設計の森五商店ビルの側面にも、当時は上部に塔屋が張り出していた。〔＊3〕立原が愛した建築である。

大学での設計課題「図書館」でも、塔は重要な建築要素として扱われている。大きな塔がコーナーに屹立している。しかしそれは階段室でさえなく、意匠として、壁の一部を張り出させ、そのまま上に伸ばした、いわば「ハリボテ」にすぎない。「図書館のことを少し考へはじめた」で始まる小場晴夫宛ての書簡に描かれたスケッチでは、コーナー上部に塔屋が、まさに、とってつけたように貼りつけられている。

建築のモダニズムの倫理観からすれば、実体を伴わない形態の使用は御法度だ。そのことを、建築学科の優秀な学生であった立原が知らなかったはずはない。彼が、塔に実体的な意味を与えなかったことには、彼なりの訳があったはずだ。

立原道造より20歳先輩に、同じく東京帝国大学建築学科に学んだ山田守がいる。山田は、1925年に、彼の代表作のひとつとなる「東京中央電信局」を物している。立原が卒業する1937年には、これも代表作となった「東京逓信病院」を竣工させている。

山田守の建築にも、しばしば塔が現れる。もっとも有名なのは、激しい景観論争を引き起こした1964年の「京都タワービル」である。しかし、もっと穏やかな建築にあっても、山田にとって、塔は重要な建築要素だった。たとえば、1958年の「東海大学代々木校舎2号館」では、十字形の平面の中央に置かれた円筒形が、そのまま屋上から突出した塔屋になって聳えている。その円筒形の内側は螺旋階段となり、外側には螺旋斜路が回る。その斜路がぐるぐると5周まわって、5階に到達して、そのまま屋上へと続き、2周半まわって頂上に至る。鉄塔が、さらにその上に建っている。

角を丸く面取りした、白い建築である。そこに円筒形の塔が立って、全体が汽船のようにも見える。汽船にあってのファンネルにあたるのが、この上に向かって曲面を描いてわずかに拡がっていく塔だ。この建築ができた時分は、周辺にはまだ野原が広がっていた。きっとこの建築は、唐突に沖に停泊した、どこの国籍のものとも知れぬ奇妙な白い船舶に見えたことだろう。

山田守にとって、塔は、建築全体を、周辺に向かって語りかけるひとつの確たる人格に、仕立て上げるための重要な建築要素としてあった。

立原道造の塔が、山田守の塔と異なっているのは、それが実体を伴おうともしない、という点だけではない。それ以上に、立原道造の建築にあっては、塔は旗竿に置き換えられうる。

もう一度、「某病院計画案」に戻る。1937年5月に描いたとされる外観透視図がある。その画面の、やや左には日章旗を掲げた旗竿が立っている。先の、奥好宣宛の書簡の絵は、この透視図の途中段階をスケッチしたもののようで[＊4]、透視図とまったく同じアングルで描かれているのだが、こちらにも、旗は海軍の錨印ではあるが、やはり同じ位置に旗竿が立っている[＊5]。しかし、それとまったく同じ構図の透視図を印刷した、この病院が開設された1939年3月に発行された絵葉書では、この旗竿が消え失せている[＊6]。おそらく、計画時には、少なくとも立原がこの透視図を描いた時には、必要と思われていた旗竿が、実際には施工されなかったのだろう。

しかし、旗竿がなくなったことは、この透視図を一枚の絵として見たとき、決定的な損失である。建築としては、何も変わっていない。しかし、単に1本の旗竿が描かれないだけで、絵のなかの建築の魅力は一挙に萎んでしまうのである。別の言い方をするなら、この旗竿がないのであれば、建築の設計を変えるべきだった、のかもしれない。ここでは旗竿は、建築を構成する諸要素と同等の価値をもっている。

絵のなかで、旗竿は、旗竿という意味をもつと同時に、垂直線として機能する。だから、まずここに垂直線がほしい、という判断のほうが先、ということだって十分にありえる。この透視図の変遷を見ていくと、むしろそのほうが立原にあっての自然な順番であって、垂直線があることの後付けの理由として、旗竿という役割が事後的に見出されたようにさえ思えてくる。

はたして、立原が建築を設計するとき、彼は三次元世界に物質として存在する塔というものを相手にしていたのだろうか。それとも、網膜に投影される二次元の画像としての、塔と呼ばれる垂直線を操作していたのだろうか。さらにあるいは、実体を伴わない形態が漂う架空の世界を、想像のなかに構築しようとしていたのだろうか。それが、このあたりで判然としなくなってくる。

立原道造が、建築を、ひとつの物理的な塊としてではなく、それを含むもっと広い範囲の情景としてとらえていたことは、周辺の緑を丁寧に描き込んだこの透視図だけでなく、残された他の透視図からもはっきりと知れる。

その例をここでいちいち挙げる余裕はない。しかしたとえば、学生時代の小学校課題を描いた「無題[浅間山麓の小学校]」がある。直接的な設計対象である小学校が描かれているのは、画面の右下、六分の一程度の領域だろうか。画面上部の三分の一ほどに大きく赤茶色の浅間山が、画面中央にその麓に拡がる森林が描かれ、小学校そのものの形や細部ははっきりとしない。描かれているのは、「建築物」ではなく、浅間山を頂とする広大な森林にひっそりと潜む小さな村落の情景であり、そこに漂う「くうき」である。

立原にとって、建築を設計するということは、ひとつの情景を確たるものとして構築することであり、それは絵を描くときの試みととても近しいことであったように思われるのである〔＊7〕。

画像提供：立原道造記念会

絵のなかの垂直線は、電柱にも、樹木にも、塔にも、旗竿にも、なる。

垂直線として旗竿が現れるもうひとつの建築を見よう。ヒアシンス・ハウスである。

立原は、1937年の終わりから翌年の春にかけて、埼玉県浦和の別所沼のほとりに、自身の週末住宅として、幅8尺（約2・4m）奥行き20尺（約6m）の〔＊8〕小屋を構想した。建物の短辺を沼側に向け、奥に向かって伸びるつくりである。屋根は、奥から沼側に向かって下がってくる片流れ。アプローチのある沼側から見れば、じつにささやかな建物だ〔＊9〕。小屋よりやや手前の左側にポプラが2本立つことになっていた。1937年の「別所沼のほとりに建つ風信子ハウス設計図」では、小屋の右側にもう1本、もっと高い木が描かれている。その木が、神保光太郎に宛てた1938年2月12日の書簡に同封された「「HAUS・HYAZINTH」1、2で、旗竿に入れ替わる。「旗は深沢紅子さんがデザインしてくれることになつてゐてそれは僕にもどんなのが出来るのかわかりません」と、その書簡に書かれている。絵のなかだけではない。ほんとうに旗竿を立てようとしていたのである。

この旗竿についての、立原による詳しい記述を知らない〔＊10〕。しかし描かれた絵のなかで、その旗竿は、こじんまりと見える小屋とは対比的に、独立してじつに堂々と立っている。「ヒアシンスの旗」との図中の添え書きまである。旗竿には、小屋と同じくらいの存在感がある。

ヒアシンス・ハウスには厨房設備がない。しかし「となり」には、知り合いだった画家の里見明正が住んでいたらしい。そのアトリエを借りる計画もあった。神保光太郎に宛てた書簡に「画家たち」という表現が見えるから、ほかにも知り合いの画家が近くに住んでいたはずだ。神保も浦和に住んでいる。卒業設計の「浅間山麓に位する芸術コロニィの建築群」でも、厨房設備がない小屋を設計した。「小住宅は住む者が独身であるときには厨房を欠いてゐる。これはロッヂにて食事が常に用意されてゐるからである。」こうしてみれば、ヒアシンス・ハウスが、その土地に自分が属するコミュニティがあってはじめて成立する、それのみでは完結しない生活を前提としていることがわかってくる。ヒアシンス・ハウスはそこで食事をとるようにはつくられていない。

だから立原は、この小屋に着くと、そのコミュニティに向かって、自分がいることを知らせなければならなかった。旗はそのために必要なアイテムだった。

こうして、絵の構図としての必要からはじまった一本の垂直線が、高木となり、旗竿になり、ついに、そこに存在理由が生まれてきたのである。

立原は、卒業論文「方法論」で、マルセル・プルーストの『失われた時間を求めて』から、3箇所、引用している。最初の2箇所は堀辰雄の訳で、堀の「プルウスト雑記(神西清への手紙)」からの孫引きである〔＊11〕。

ただし、同じ文章であっても、堀と立原が引いた理由はまるでちがう。堀が引用して論証しようとしたのは、プルーストには「受動的《パッシイフ》なるものを能動的《アクティフ》なるもの換へんとする努力」がある、ということだった。最初の引用は、その受動的《パッシイフ》なるものの苛烈さの、次の引用は、それが能動的《アクティフ》なるものに展開されていく瞬間の証左としてだった。

しかし、立原が引いたのは、そこに「建築体験」を見たからだった。「建築体験」とは、単に建築空間を体験するということではない。それは、「建築物と建築するとの二つが区別せられるべきものとしてそこにあるのではなく、区別せられるべからず一つの生命的事実として在ること」であり、「すでに体験せられたるものとしてではなく、ただ観念として今はいつか体験せられる瞬間が来ることもあろうとして賭けられたもの」であった。そんな「建築体験」が「言語芸術の場所」において捉えられたひとつの例が、『失われた時間を求めて』なのであった。

立原が挙げた「建築体験」という言葉は、彼を理解する上で大切だ。おそらくこれは、彼の建築についてだけでなく、彼の文学についても、多くのことを語る。立原にとって、詩もまた、「建築体験」が捉えられる場所であったはずだからだ。

ここには、建築物を人と切り離された対象ではなく、それをひとつの成分とする「ひとつの生命的事実」としてある、という感覚がある。

僕は本棚の前にぼんやりたたずんでゐた。それは全く不意だつた。僕にまでこのしづかな無生物の夢みてゐる時間が感じられだしたのだ。この本たちは全く動かうといふ意志さへ禁じられてゐる。而も、これたちのそばを流れてゐるのは時間だ。その時間のなかでこれたちはいかにかなしく夢みさまよつてゐるか。

「火山灰まで」の有名な一節である。

ヒアシンス・ハウスの室内透視図は、舞台装置のスケッチを連想させる。一点透視図法で描

ヒアシンスハウス室内図（1937）　　画像提供：立原道造記念会

かれているからということもある。左と下を太く強い線でL型に隈どっているのも、額縁舞台のデザインを思わせる。左から右に向かって、窓、ベッド、文机と机、スタンド、長椅子とテーブルが、隙間を開けずに連なっている。単身者の週末住宅であるからキャビンのようにコンパクト、なのかもしれない。しかしだとしても、なぜ真横一直線に並べなくてはならないのか。

この透視図における視点は実際にはありえない。長辺の壁を外し、小屋から遠く離れなければ、こうは見えない。私には、この絵は、架空の観客視点から見た、独身者の一日が演じられる架空の舞台が思い浮かばれ、描かれようとしたものだったように思われるのである。不在の人々が観る夢想の劇と、その劇のための夢想の舞台。それが「ヒアシンス・ハウス」であり、そこで演じられるひとつのシナリオが「鉛筆・ネクタイ・窓」ではなかったのではないか、と。

しかもそこに、建築や家具調度を成分とする「ひとつの生命的事実」を感覚するのが立原である。わかりやすく言えば、事物も含めて、登場人物となっている。擬人化されるとも言ってよい。旗竿も一人の登場人物である。そこに旗が掲げられたとき、それは立原を代理する。してみれば、「ヒアシンス・ハウス」の主人公は、外からその内部で繰り広げられる情景を思い描く、この旗竿なのかもしれない。

立原の絵のなかの垂直線は、いつしか、旗竿という姿をもった塔に変化していった。その塔は、山田をはじめ多くの建築家にとってそうであるようには、建築にひとつの人格の下にまとめるものではない。そのかわり、塔は、夢想のなかの劇の何人かの登場人物の一人、おそらく主人公である。その塔が話しかけるコミュニティが夢想されている。彼ら彼女らが、夢想のなかの劇を観る夢想のなかの観客である。

「ただ観念として今はいつか体験せられる瞬間が来ることもあろうとして賭けられたもの」とは、こうした事態を指して書かれたものだと、思っている。

＊1：［］は、『立原道造全集4』（2009年、筑摩書房）収録時に、編者の判断でつけた仮題であることを表す補記括弧。以下、同じ。

＊2：『立原道造全集4』（2009年、筑摩書房）では、「この建築は、一九三九年に開設された、神奈川県横須賀市緑ヶ丘に建つ旧帝国海軍海仁会病院（現・聖ヨゼフ病院）であるといわれる」とされているが、その推定

が、２００９年に、建築家津村康範によって確かめられたことが、『立原道造―故郷を建てる詩人』（岡村民夫、２０１８年、水声社）にある。しかしながら、聖ヨゼフ病院ウェブサイトによれば、２０２０年春に新館が開院されたとあり、神奈川新聞は「本館は新棟に機能移行後、解体して病院利用者の駐車場スペースを広げる」と伝えている（２０１９年５月５日）。

＊３：「森五商店ビル（近三ビルヂング）」は、１９３１年、渡辺節建築事務所から独立した村野藤吾の処女作。１９５６年以降の度重なる増改築を経て現存するが、１９５９年の屋上階の建て増し、また西に隣接する土地に高層の建築ができたことにより、この建築のひとつの魅力だった、張り出す塔屋は、現在、見ることはできない。

＊４：『立原道造全集５』（２０１０年、筑摩書房）は、この未投函書簡を１９３７年４月から５月のものと推定している。

＊５：奥好宣宛の書簡のスケッチは、全景の透視図の略図を描いた後に、そこから本体右側面の「塔」上端を引き出し、クローズアップし、そこが鐘楼のように扱われている様を示そうとしたものであり、その時点では、少なくとも立原にとっては、塔の重要性がデザイン上、高かったことがわかる。またその重要性は、この建築計画を「塔のついた白い病院」と呼んでいることからも忍ばれよう。しかしながら、１９３８年「新建築」７月号に掲載された、１９３７年５月の透視図では、下階の横長窓が上まで反復されており、鐘楼的なデザインは消え失せている。書簡で、「塔をつくるのがむづかしくて幾日も幾日もかかつてゐますけれども出来あがらないのです」と記したのは、もしかしたら彼が提案した「鐘楼のような塔」というアイデアそのものが受け入れられず、そのことを「塔をつくるのがむづかし」かった、と表現したのかもしれない。

＊６：前掲『立原道造―故郷を建てる詩人』の著者・岡村民夫氏が購入した『横須賀海仁会開庁式記念絵葉書』（昭和一四年三月、財団法人海仁会横須賀支部）。氏は、立原が「数ヴァージョンの外観透視図を描いていたのではないだろうか」と推察している。昔は、まず透視図の原図を描き、それをトレーシングペーパーに写しとり、さらにそれを彩色画面に転写して、完成品の透視図を描いたものだったから、樹木の線まで同一であっ

ても、異なるヴァージョンの透視図であることは十分にありえる。
＊7：とはいえ、この設計過程には、浅間山へ向かう軸線を基に配置計画を進めようと試みた時期もあったことが、残されたスタディ・スケッチから窺える。敷地の向きがこの軸と45度ほどずれていたため、2つの異なる角度をどう利用するかがスタディされた。軸線を出発点とする設計は、「情景」の構築とは違う方向の、空間幾何学の論理で押し切ろうとするオーソドックスな建築的手法である。最終的には、配置を敷地の向きに合わせ、浅間山に対しては斜に構えることになったようだが、それによって、小さな村落が、周辺を統べているはずの浅間山の圏域のなかで、そのことに無頓着に棲息しているという情景が生まれたことに、立原は意識的だったと思われる。透視図で描かれているのは、まさにそうした情景である。
＊8：別所沼側の西面の幅は、「HAUS・HYAZINTH」1では、9．5尺と記されているが、他は共通して8尺となっている。
＊9：2004年、「ヒアシンスハウスをつくる会」によって、別所沼公園に、残されたスケッチなどを元にして、この計画は実物大で建設されている。ただし、敷地の関係で、計画されていた沼の東側ではなく、西側の平坦な土地に、そのまま平行移動して建てられたので、このアプローチの妙は体験することはできない。
＊10：1938年2月中旬に送ったと推定される深沢紅子宛ての書簡に、「浦和に建てるヒアシンス・ハウスの図面を同封しました。旗のデザインをして下さいましたら、たいへんにうれしく存じます」と、とある。
＊11：「方法論」が書かれた1936年から遡ること4年、1932年の「文学」に「マルセル・プルウスト——神西清への手紙」としてまとめられた3通の手紙の、その3通目からの引用である。

純粋な言語遊戯、それをインテリアと言う

現実に建っている建物だけが「建築」ではないように、何も建てていない人でも「建築家」でありえる。建築はそもそも建築外にはみでるものだし、建築家が建築の外と内とを行ったり来たりするのも普通のこと。しかし磯崎新は、そんな建築家のなかでも、特別に際立った存在であり、建築の外での言説が、その外の世界から見ても彼ほどに優れた建築家はそうそういない。とはいえ、ぼくが関心をもっていたのは、彼が実際に建てた建築物において、建築の外に出てしまっていることの方だったから、その現場に入りたいと思ったのだった。[＊1]

なかでも、惹かれていたのは、「大分県医師会館新館」（1972年）だ。これは、磯崎新の処女作の「大分県医師会館」（1960年）に、その建設から10年ほど後になって、増築として加えられた建築であったが、ぼくがその昔、青年らしい身勝手から何のアポイントも取らず、その場で無理に頼み込んで内を見せてもらって体験したその世界は、もう「建築」と思える世界ではなかった。建築外に飛び出るときの加速度が大きいとすごいことになる、と知ったのは、このときのこと。しかしその建築も、新旧ともに1999年に解体されてしまって、残念なが

らもうない。

医師会館旧館は、大分の町の大通りから折れて、右手に大分城址のお堀と石垣を見て、しばらく進んだ先の突き当たりにあった。ぶつかる手前の左手には、やはり磯崎の初期作の「大分県立図書館」(1966年、現アートプラザ)がある。だが、その計画は、医師会館の計画当時にはまだ、始まっていない。

敷地が道のぶつかる先にあるならば、どうしたって、そこに建つ建築がアイストップとなることを意識せざるをえない。ただし、敷地がやや左にずれているため、建築の中心を道の中心軸線上に持ってくることができない。敷地は、もう少し右側まで広げられるべきだったのだ。

そんな条件であったにもかかわらず、磯崎は医師会館を中心軸のある建築としてつくった。4本の壁柱が建ち、それらが楕円形断面の重厚な塊を支える、左右対称の構えである。建築の対象軸が、道の左端あたりにずれてしまっている。左右対称を感じられるためには「引き」が必要。後に磯崎は、大分県立図書館で医師会館側の一隅を広場として設計することになる。

左右対称によって軸線力を発生させること。これは古くは、ミケランジェロが行なったことだ。たとえば、ローマのカンピドリオ広場。

その丘は、東と南に荒廃した建物が2つ無秩序に立つ荒地にすぎなかった。そんなところで凱旋式や桂冠詩人の戴冠式が行われていたのは、帝政ローマ時代の大神殿があった場所だったからだ。ミケランジェロ自身も1537年、ここでローマ市民権が授与されている。そして、その授与とおそらく同じ年、教皇から、マルクス・アウレリウス像をこの場所にどう置いたらいいか考えるよう依頼された。

1　東の建物を正面とする軸線を設ける。
2　その軸線を強調するために、東の建物の、その軸線上に新たな塔楼を設け、既存部を新たなデザインに改修する。
3　南の建物も新たなデザインに改修し、それと同じ建物を北に新設（！）して、軸線をさらに強調する。
4　軸線を西に延長して、街から登る大階段を設け、軸線をさらに強調する。
5　中央に生まれた台形の広場に楕円の舗装パターンを施す。
6　その中央に、マルクス・アウレリウス像を置く。

これがミケランジェロが提案したことだ。騎馬像をたったひとつ置くために費やされる、とてつもなく過剰なデザイン。受け取った行政官は、そんなことまで頼んでないぞ、とさぞやたまげたことだろう。でもほんとうに驚くべきことは、軸線という、それだけでは単なる数学的幾何学にすぎないものに、先へ先へと足を向かわせる運動を吹き込んだことだ。都市から軸線力とでも呼ぶべきエネルギーを浮かび上がらせ、またその起点に位置する建物に特別な重要性を賦与すること。起点たる東の建物がローマ市庁舎となったのは偶然ではない。ここから、そうした運動力学を使って都市的スケールで空間を組織化するという、建築の新しいデザインのあり方が生まれた。これこそ、このプロジェクトがなした革命だった。

磯崎の師にあたる丹下健三は、そんなミケランジェロを正統的に継承した建築家だった。丹下は、1949年の広島平和記念公園コンペ案で、カンピドリオ広場においての市庁舎に相当するものとして、原爆ドームを選んでいる。毎年、8月6日の「原爆の日」になると、原爆慰霊者慰霊碑のアーチ越しに臨まれる原爆ドームがテレビ中継される。ぼくたちは、そんなことからついつい、広島平和記念資料館は原爆ドームを起点した軸線に合わせて建てられた、と思い違える。しかし、それでは話が逆で、丹下が、広島平和記念資料館をピロティで浮かせ、それで抜けた視線の中心軸上に原爆ドームが来るように、この建物を置いたからこそ、原爆ドームから始まって、南に南へと視線を導く軸線の運動が生み出されたのである。建築をつくることで、軸線の運動をつくりだす。その逆ではない。

やはり丹下研究室出身の谷口吉生は、これを受けて、「広島市環境局中工場」(2004年)で、工場中央に貫通する穴を開け、その先の海までその軸線を伸ばした。

ミケランジェロから丹下に手渡された「軸線」は、磯崎の独立第一作、大分県医師会館にも手渡される。造形に際して、四脚門が思い出されていた。四脚門は、足下中央に穿たれた通路

＝穴によって、軸線の抜け、強烈な運動を生み出す。その軸線性は、むしろピロティよりも強い。

しかしそれは最初から、その力が完遂しえないことがわかっていた軸線だった。軸線の先が、他の建物でブロックされ、そこで進行を阻止されることが明らかだったからだ。目の前の大分県立図書館だけなら、彼自身が設計することになったわけだから、その軸線を伸ばすこともできたはずだ。しかし、当の本人さえ、軸線を通そうとはしなかった。

となれば、建築という、モノとモノ、モノとヒト、ヒトとヒトとの空間的・心理的関係を秩序立てる営為において、ひとつの強力な武器にまで育ってきた軸線を、磯崎は意図的に、脱臼させ、転覆させようとしていた、ということになるだろう。ずれた位置に置かれる四脚門、という選択そのものが、すでに、丹下健三的建築の外にある「何か」だったのである。〔＊2〕

この大分県医師会館から約10年後の増築もまた、軸線の思考から出発している。旧館の中心軸をそのまま後ろに延長し、その軸線上のすぐのところに、まずエレベータシャフトを置き、そこから大きく12.6m離して、新たな敷地ギリギリのところに階段室を置き、それらを2本のコアを太い柱に見立て、20m上空に大きな梁を架けたのである。そうしてできた巨大な門型の架構を中心軸として、全体は左右対称に構成された。

図形的には、軸線が踏襲されている。しかしその軸線はもはや、旧館の発想源であった四脚門が本来的に持っている、視線と動線の運動としての軸線ではなく、逆にそれらの運動を阻む物体である。軸線の運動は、早々にエレベータシャフトにぶち当たって、止められる。しかもこの巨大な門型フレームは、敷地のいちばん奥で、それと直交する板状の箱に吸い込まれており、旧館全幅の空間の運動もまた、その板で跳ね返され、潰える。

こうしてここで、磯崎にとっての軸線がミケランジェロ＝丹下のオーセンティックな建築から完全に逸脱するものであったことがはっきりとする。

軸線上に置かれた、建物全体の構造的骨格である巨大な門型フレームは、その下に大きな空洞を抱え込む。頭上には、旧館同様、大きな会議室の空間が掲げられてはいる。が、その量塊性は、旧館と比べて、著しく落ちる。外観に、その姿がはっきりと現れることはないし、内部においても、その下面は、まるで空から降りてきた層雲のように、薄い。おそらく、デザインとしては、最上階の会議室の床は余計だったのだ。巨大門型フレームとそれと奥で直交する板状の箱、平面としてT型を成すその架構の上部で、曲線を描く4本の梁が、肋骨のように広がり、その隙間から天空の光が、抱え込まれた巨大な空間に向かって差し込んでくる。大分県医師会館新館のフォーマット＝構図は、こんな姿にまで還元できる。

脊椎と肋骨で抱え込まれるのが体腔となり、体腔が納めるのが内臓となることは、ごく自然な流れだ。具体的に言えば、1階から3階までの吹き抜けの大きな空間が体腔となり、そのなかに、2階から3階にかけて連続する内臓がうねりながら上っていく。

2階の旧館側のエレベータ前の空間が、左右の肺のような房に分かれて広がっている。左の房が会長室で、右の房がクラブだ。その中央から、まるで食道のように、ブリッジが空間の中心軸に沿ってまっすぐに伸び、事務室上空を進む。ブリッジは途中で、ステップ数段上昇し、奥に辿り着いて、左右に分岐する。その左右に段状に上っていくところが図書室になっている。そして左右に分かれ、建物の横端まで来たところで折り返し、再びブリッジとなって、手前に向かって戻ってきて、横いっぱいに伸びたガラス貼りの箱、談話室にぶつかる。このガラス貼りの部屋には特権的な性格が賦与されていて、内からは、今、上ってきた内臓の全容を、ガラス越しに見下ろすことができる。その反対側を見れば、やはりガラス越しに、旧館の、楕円形断面の筒の側面が間近に迫って見える。

「大分県医師会館新館」が完成し、「新建築」に発表されたのが1972年4月号で、それから4ヶ月後の「新建築」8月号に、磯崎は「政治的言語とマニエラ――〈意味〉を拒否する意味または異化による〈違犯〉の構造または自己消去法としてのマニエラ」という文を寄稿している。このテキストは、磯崎が、「アクチュアルな主題に応えて、それを表現していくという、通念としてのリアリズム」の立場ではなく、「形式の自立」つまりフォルマリズムの立場に立つことを宣言したものとして、重要な意味を持つ。

異化していった物体的空間は、それ自体が記号となり、独特の意味を発生させるのだが、そのとき、異化が明確な違犯を指向しているならば、それ自体としてアクチュアルな意味を持ち、かつ機能する。つまり、広義での政治的言語に転化するのだ。物体に、徹底的にひとつの観念あるいは意識の延長であるような幾何学や論理を強制していくことによって、物質が変質し、その場とからみ合ってひとつの記号になるのだが、それはまさに政治的言語そのものなのだ。いわば、**手法《マニエラ》が政治的言語に短絡する**契機がここにある。それゆえ、建築が所有する政治的言語の質は、何にもまして手法それ自体の内容にかかわっているといえよう。〔＊3〕

磯崎にとって、「大分県医師会館新館」の立体迷路的空間は、「空中にきれぎれに部屋が浮いていることから、医師会の内部の活動が、視覚的な、あるいは聴覚を含めた、気配の充満によって、全体という何かが常に感知され、そこから新しい行動を含む、次元の異なった関係の場がつくりだせる」ものであり、そうした点で、それは政治的言語たりえるものなのだった。「手法《マニエラ》」が採用されたのは、一元的に統合されうるモダニズムの世界が終わっていたからだった。ぼくたちはいまや、「異質なもの同士が混淆し、時間的に常に明滅し、したがって多焦点となって、固定した視点を設定する光景が明滅し、重層した異次元の空間がねじれていき、トポロジー的にしか説明不能になった」世界に暮らしている。そんな混成の世界では、もはやすべてを貫く統一論理は成り立たない。可能なのは、それぞれの系を横断し操作するための形式論理つまり「手法《マニエラ》」だけだ。〔＊4〕

と、磯崎が言うとき、しかしその「手法《マニエラ》」は、実際の建築では、体腔内に器官を「きれぎれに」浮かすという形態操作をはるかに越え、もっとずっと先に行ってしまっていた。一言で言えば、「大分県医師会館新館」は、「建築」を超え、「インテリア」になってしまっていたのだ。

建築界で、「インテリア」は、たいてい、ペジョラティフな意味を持つ。建築がつくった空間内で行われる内装デザインがインテリアだ。それは、枠組みとなっている空間を変えることができない。しかし、その枠組みのなかでは「なんでもあり」の、どんな世界を構想してもかまわない。そしてインテリアの論理は、建築全体の論理から切れて、根拠を持っていない。建築の側に立てば、インテリアは、どうともなる、背後を欠いた、表面だけの、ペラペラな世界でしかない。

しかし、建築を一気通貫に串刺す論理がそもそも不可能であるのなら、建築もまた、背後のない表面にならざるをえない。つまり、インテリアにならざるをえない。そもそも「手法《マニエラ》」というのは、根拠なしのところで根拠のなしのまま成立させることではなかっただろうか。

実際のところ、医師会館新館の立体迷宮化した空間は、骨格に対して内臓がそうであるように、骨格をつくる論理に絡みとられることのなく、別の論理からつくられている。内部空間が、決定的に、全体の構成から分離された「インテリア」になってしまったのである。

なぜそんな事態が起きてしまったか。軸線から空間としての運動が奪われたからである。軸線は、ミケランジェロ以前に、あるいは丹下以降に、つまり単なる数学的幾何学にすぎないものにまで差し戻されている。軸線の幾何学がそのまま物質化された。そのことで、全体を構成する構造体と体腔ができあがったが、軸線の力が及ぼす圏域はとりあえずここまでしか働かない。体腔の中身にまでは及ばない。体腔内のありかたは自由になる。あるいは無根拠になる。あるいは、背後のない表面となってしまう。

たしかに、体腔内の内臓の配置には、軸線の幾何学が参照されてはいる。しかし、その幾何学は形骸化している。形骸化しているから、軸線は折り畳まれてもよくなる。軸線は、ここでは、それぞれの器官を定置するためのテンプレートにすぎない。

器官の由来も根拠が失われている。それらは、平面図のグラフィックとしての論理から自動的に生まれた記号のようなものである。たとえば柱は、基本的には構造体であり、「支えている」という意味を放つ。しかし、角柱を平面図に描けば、それは単なる正方形という図形にすぎないし、円柱は小さな円という図形にすぎない。だから逆に、小さな円という図形がもつグラフィックとしての見えを、そのまま三次元化しようとするなら、それはもう柱には見えない、無根拠な記号としてのオブジェとなるだろう。そして実際、3階平面図で左右のブリッジの先に描かれている小さな円は、実空間でも、唐突に置かれた、寸胴の丸太の上で扇を開いたコンクリートの塊にしか見えないものとしてつくられるのである。

そもそも、ブリッジの先に柱を置くというプランニングは、まともではない。それが許されるのは、平面図をグラフィックとして見るときだけだ。

「大分県医師会館新館」とは、二次元グラフィックとして平面図を見る目を経由する、視覚言語の自律的な運動からつくられた世界である。構造体と仕上げの区別を失い、すべてが記号となって、「実在や意味にではなく、別の名に送りとどけられている」。

唐突に現れる、毛足の長いカーペットが敷かれ、オリヴィエ・ムルグのブールームが置かれた、ガラス貼りの談話室は、建築がインテリアでしかありえなくなる、そんな論理的帰結をぼくたちに確認させる。

この2年後の1974年に、宮川淳の『紙片と眼差とのあいだに』が出版されている。その通奏低音に流れているのは、ルイス・キャロルである。トランプのジャック、クイーン、キングといった二次元の存在が、そのまま三次元となって「無限のたわむれ」を演じる『不思議の国のアリス』や、「横へ横へ、あるいは上に、さもなければ下に、それとも斜めに?だが決して奥へ、事物にではなく」、「表面をどこまでも滑っていく」『鏡の国のアリス』。

最後の章では、表面の言語について、こう書かれている。

> キャロルにあっては出来事はすべて言語の中で起る。いいかえれば、キャロルの言語は決してその背後へ、実在や意味にではなく、つねに別の名に送りとどけるのだ。それはまさしく表面の言語というべきだろう。

「歌の名は《たらの眼》と呼ばれる」

「ああ、それが歌の名であるってわけね」

「いや、わかっちゃいないな。名がそう呼ばれているといっているのさ。本当の名は《年寄りの、年寄りの男》であるのだ」

「じゃ、歌がそう呼ばれているといえばよかったのかしら?」

「いや、そうじゃないんだ、それでは話が別になる。歌なら《やり方と手段》と呼ばれている。しかし、それはただそう呼ばれているというだけのことさ」

「では、一体、歌はなんであるの?」

「それだよ、歌は実際には《棚に腰かけて》であるのさ」〔*5〕

*1：ぼくが磯崎新アトリエに在所していたのは、1982年の秋から1990年の夏までのほぼ8年間。「つくばセンタービル」(1983年)がそろそろ竣工に近づいていた頃から、「ロサンゼルス現代美術館」(1986年)を皮切りに、「ザ・パレイディアム」(1985年)など、海外での実作やコンペへの招待が増えていった時期にあたる。1990年バルセロナ・オリンピックの仕事が始まったのもこの時期。ぼくが担当した仕事は、「篠山スタジオ」(1985年)、「岩田学園学生寮」(1985年)、「東京グローブ座」(1988年)、「水戸芸術館」(1990年)で、これらの他に、「西脇市岡之山美術館」(1983年)、「岩田学園体育館」(1985年)、「グラスアート赤坂」(1985年)、「ブルックリン・ミュージアム・マスタープラン・コンペ案」(1986年)、「新都庁舎コンペ案」(1986年)にも携わった。

＊2：現在準備中の「a＋u臨時増刊」での磯崎新特集のためのインタビューで、磯崎は「大分県医師会館」に触れ、その4本の壁柱が、カンピドリオ広場に面する建物にミケランジェロが施した2階分の高さを持つジャイアント・オーダーから来たと述べている。カンピドリオ広場は、ミケランジェロ、丹下、磯崎を串刺す重要なアイテムである。

＊3：「政治的言語とマニエラ」、『手法が』、磯崎新、美術出版社、1979

＊4：「手法（マニエラ）」の具体的例としてまっさきに挙げられたのは「増幅」であり、無限連続立体格子だった。その採用はいちじるしく「反自然的」であるのだが、と1972年の段階で記す磯崎は、2011年東日本大震災直後に、トーマス・ジェファーソンが「合衆国という国のかたちが出来上がる前に、先住民の定住域に配慮したりせずにこの大陸上に東西南北の経緯度に平行の直交グリッドを引きまくった」ことに触れて、「いま日本列島に必要とされているのは、この手のアーキテクトです。いっさいの先行モデルがないときに線を引く万有です」と書いている。（「現代思想 2011年7月臨時増刊号」）

＊5：「ジル・ドゥルーズの余白に」、『紙片と眼差とのあいだに』、宮川淳、エディシオン エパーヴ、1974

磯崎新から引き継いだこと、断ち切ろうとしたこと

私が磯崎アトリエで働いたのは、1982年の終わりから1990年夏までの約8年間です。1983年が「つくばセンタービル」が竣工した年ですから、それまでのプロジェクトと比べ、磯崎新さんが圧倒的に大きい建築を物するようになった、磯崎さんにとってひとつの節目の時期に入所したということになるでしょうね。

最初の仕事は、横尾忠則さんの作品を展示する「西脇市岡之山美術館」でした。菊地誠さんが担当されていて、そのアシスタントです。なぜか、平面図とか断面図とか展開図などの一般図ではなく、ガラスプリックの床のディテールとか、詳細図を描きました。フラットバーとプレートの違いもわからないのに、一人で川口衞構造設計事務所の担当の方と打合せをして、図面を描き、ほとんどそのままの詳細で実際に施工されました。ちょっとコワいですね。きっと菊地さんが「教育」としてそういうことをやらしてくれたのだと思います。

それから年が明けて、1983年の正月早々、新しい担当割りが発表されて、今度は一人で篠山紀信さんのスタジオを設計することになりました。それではじめて、磯崎さんと直接打合

せをする機会が訪れました。製図板に向かって作業をしていると、磯崎さんがトレーシングペーパーのロールを持って階段を登ってきて、磯崎さん自身がこれからやろうと思うプロジェクトのところにやって来ます。スタッフは、いつ磯崎さんが登ってくるかわかりませんし、またいつ自分が担当している仕事を見てもらえるかもわかりません。何日も見てもらえないときもあるし、日に何度も打合せになるときもあります。磯崎さんが後ろに立てば、スタッフは席を譲って、後ろに立ちます。磯崎さんは、必要な青焼きの図面の上にトレーシングペーパーを重ね、スケッチを描いていきます。会話はそうはありません。ときどき、「なぜここは、こうなっている？」とか「ここはなんぼ？」とか聞かれ、スタッフがそれに答えます。

そうそう、最初、私は「なんぼ」の意味がわからず、「ここはなんぼ？」と聞かれ、「スタジオです」と答え、「だから、なんぼ？」「ですから、スタジオです」とか残念な会話をしていました。スタッフは、基本的に聞かれたことに答えるだけで、磯崎さんの思考の邪魔にならないように、後は黙って、ずっと磯崎さんが描くのを見つめていました。

スケッチが描き終わってはじめて、磯崎さんから手短な説明があります。その設計の裏側にあるはずの「理論」についての説明はありません。ごくごく具体的な説明です。スタッフは、そのスケッチの意図するところを読み取って、案として納めていきます。次に磯崎さんが来てくれるまでには、案として成立させておかなければなりません。磯崎さんの意図を間違いなく読み取れ、かつそれに従ってちゃんと案を成り立たせる。それができなければ、磯崎さんの足は遠のきます。だから、磯崎さんがいつ来ても大丈夫なように、とりあえず急いで案をまとめます。それから次に、時間が許す限り、うまくいっていないところを解決していきます。担当者の案、というのは求められません。というより、仮に案をつくっても、見てもらえません。最初の頃は、スタッフは自分の案もつくっておくもの、と思っていたので、案をつくって製図板に置いておきました。磯崎さんは座って、黙って、その案を脇によけました。そうか、ここでは案はつくってはいけないんだ、と思いました。磯崎さんはすべて、自分で案をつくっていました。スタッフは、磯崎さんにとって議論をする相手ではなく、彼の意図を正確に実現していくための「設計エンジニア」なのかもしれません。案をつくるのは自分一人。そう決め、それをずっと実践していくには、とっても強靭な精神が必要だと思います。

こういう設計の進め方とちょっと違ったのは、「新都庁舎コンペ」のときでした。西新宿の、丹下健三さん設計の、現在の都庁舎が選ばれた指名コンペのことです。年で言えば、1986年ですから、私にとっては、働きはじめて4年目といったところでしたか。詳しいことは、平松剛さんの『磯崎新の「都庁」――戦後日本最大のコンペ』(文芸春秋、2008)に書かれていますから、興味のある方はこちらを読まれてください。私も道化役で登場しています。恥ずかしいです。

案づくりは、アトリエのスタッフ、他の仕事で手が離せない人を除き、ほぼ全員で進めたはずです。最初は、スタッフが3つのグループに分かれて、それぞれ別々の設計の方向でスタディを進めました。グループのひとつは、都庁舎を1棟にまとめて超々高層にする方向、もうひとつは街区に1本ずつの合計2棟の超高層をつくる方向、3つ目が、街区を運結して縦よりも横に長い一体化した超高層をつくる方向でした。私は、そのなかで1棟超々高層案づくりをやったのですが、こういった作業はつまりは、磯崎さんが案の方向を決める前にとりあえず、考えられる案それぞれの長所と短所をつかんでおくことを目的としています。磯崎さんが海外出張から帰ってくるときが案の締切で、たしか1週間か10日くらいだったでしょうか、スタッフたちはその時間を使って、プロジェクトの下検討用作業をするわけです。

帰国した磯崎さんが選んだのは、3つ目の「一体案」でした。庁舎内組織がリゾームのような錯綜体であること、また庁舎建築は、元来、「大広間」と「広場」を持つビルディングタイプであり、「一体案」であれば、そこから巨大な「大広間」を内側に抱え持つ構成が導きだされてくること、といったところがその理由でした。

プロジェクトの最初にまず、「集中案」、「分散案」、「一体案」といった3つの方向を下検討することは、磯崎さんの場合、まあかなり普通の進め方なんですけれど、ここから先がはじめての経験でした。何人か――たしか、青木宏さん、菊地誠さん、渡辺真理さん、僕だったと思うのですが――が、毎朝、磯崎さんの家での「朝食会」にうかがって、案と一緒に提出するレポートについて討議したのです。磯崎さんから、案のキーワードの候補が提示され、意見が求められました。少なくとも私にとっては、磯崎さんが自分を含めてスタッフに意見を求めたのを見たのは、これより先にも後にもありません。最終的に選ばれたキーワードは、「強度」、「交通」、「錯綜体」、「崇高」、「ハイパーテック」の5つでしたが、たとえば「強度」という言葉は、ドゥルーズの用語から来るわけで、磯崎さんがまず自分なりのドゥルーズの理解の仕方を示して、それに各スタッフに意見を求めるわけです。私などではとてもまともなコメントができるわけがないのですが。

キーワードが決まって、次は、そのキーワードそれぞれについてのサブ・キーワードの洗い出しです。それぞれに8つずつ、合計40くらい。コンペのときは、レポートの大半を、磯崎さん自身で書かれるのが常ですけれど、このときは、40くらいのそれら術語の一種の解説を、「朝食会」に出ていたスタッフで書きました。これも特例ですね。

この新都庁舎コンペの後、ほぼまるまる、私は「水戸芸術館」のプロポから竣工までを担当することになります。そして、現場を訪れた磯崎さんにお伴してお寿司屋さんに行ったりしたこともありましたけれど、建築のいわゆる「理論」についての話をしたことは、たぶん一度もありません。磯崎さんは、自分一人で考え、設計をしようとしていたように思います。ある意味で、スタッフなしでもできるところに常に自分を置かれようとしていた。だからこそ、自分の仕事場を「設計事務所」ではなく「アトリエ」と命名されたのでしょうし。磯崎さんは、アトリエの外に、日本にも海外にも、対等の関係にある友人が大勢いて、その人たちとの交流のなかで、自身の思考を変化・展開させていっていました。スタッフは、そういう対等の人たちとは異なる、磯崎さんの「アシスタント」という位置づけだったと思います。

そんな場所で建築の設計を学んだ私が、その後、自分自身で仕事をはじめるようになったとき、そこから引き継いだこともあれば、逆に断ち切ろうとしたこともあるのは、当然のことです。いちばんつながっていることは、事務所を拡大しないで、「アトリエ」的規模にとどめ、そのなかで設計していこうということ、でしょうか。（もっとも、磯崎さんは規模を拡大してもアトリエでありつづける方法も考えるのですが。）そして、つながっていないのは、私のところでは、スタッフは案を「つくらない」ではなく、案を「つくならなくていけない」ということでしょう。それは私が、スタッフも案をつくり、スタッフと私で互いに切磋琢磨して進めた方がいい建築ができる、と考えるからです。いや、本当のところはわかりません。さっきも言いましたように、磯崎さんのような孤独な設計の進め方をするのは、大変な精神力を必要とするわけで、その緊張状態に自分を置くからこそ、得られるレベルというのはあるはずで、どちらの進め方が自分の性にあっているか、という程度のことなのかもしれません。

私にとって、建築の「理論」は、建築を設計するなかから出てくるものです。というか、それと切っては考えられません。つまり、理論を設計の実践と分離して考えることができないんです。たとえば、建築の歴史を勉強しますね。この時代、こういう人がいて、こういう考えをもって、こういう建築をつくった、とか。でも、そういうことから、なにかを導きだすという順番では、私は設計できないんです。その場その場の、いろいろな具体的な条件の網目のなかで、それらにうまい統一を与えるような物理的環境としてどうしていったらいいか、そういうことを考え試すことで設計は進んでいくわけで、その過程においては、直接的には、建築の歴史は必要ないんです。とは言え、目の前にある問題に対して、それを判断していく自分がいるわけで、その判断力とはつまり、建築の歴史とか、その人が知っている、あるいはその人が今までに感じたり、考えたりしている総体なんですね。だから、建築の歴史は、それを知っている、知らないということも含めて、その判断に間接的な影響を及ぼしている。そして、誰でもなにかを判断するときには、その背後に、意識的であるか無意識的であるかにかかわらず、必ずそういう総体があるわけです。私はいつも、設計においてその都度の自分の判断に自信を持てないのですが、それはつまり、今自分が判断を行っている思考・感覚の総体のあり方に自信を持てないということと同じことです。でも、それは当然のことではないか、と思うのです。なぜなら、今、誰かがいいことを言ったら、私の思考は変形を被るし、今、何かすごいものを見たら、私の感覚の一部は揺らぐわけで、だから、そういう総体は固定したものではなく、流動的なものと捉えた方がずっとすっきりする。判断のもとになっているものは、流動的な運動体です。

　だとすれば、その運動体をよりいい状態に持っていくことが、結果としていい設計を生む、ということになるでしょう。だから、私はその運動体を少しずつでも良い方に更新していきたいわけで、そして私は設計とその内容への判断というフィードバックを繰り返していくことが、そのもっともいい方法だと感じています。今設計している内容から離れた遠いことよりも、せっかく今設計しているのですから、素直にそれと向き合って進めた方がいいと思う、ということです。スタッフの意見というのはつまり、スタッフ⇅設計という図式で言えるものですから、それは私⇅設計というサイクルにかなり近いところにあるサイクルです。だから、せっかくスタッフと一緒に設計するのなら、私は、私の判断基準総体を揺さぶるために、スタッフの判断をまず聞きたいと思います。スタッフの反応は重要です。

私は、理論というのは、こういう日々更新されている判断基準総体のことだと思っています。それは、たとえばその建築が竣工して一段落ついたとき、いつもよりは客観的に振り返ることのできる機会に、ある程度、言葉になるものだと考えています。それを一般的に「理論」と呼べるものなのかどうかはわかりませんが。

先行モデルがないときに線を引く

２０１９年、ロング・インタビューのために、磯崎新さんを沖縄に訪ねた。70年代に設計されたいくつかの建築について話をお聞きした。朝から晩まで滔々と話され、夕ご飯を行きつけのイタリア・レストランに招いてくれた。空港に向かうタクシーに乗り込んだ際、振り返ると、暗闇のなかで見えなくなるまで、見送ってくださっていた。

いつの頃からだったか、お会いすると、とどまることを知らず話されるようになった。自分の経験、思考を少しでも伝えておきたい。覚えておきなさい。そんな言外の気迫さえ感じられた。話題は、建築、美術、文化、社会、歴史と縦横無尽だった。物事の深層を垣間見る思いでお聞きした。もちろん、その恩恵に預かった人は数多くいたはずだ。私はその一人に過ぎない。

とことん、人に優しかった。特にこれからと思える若い人には惜しみなく手を差し伸べた。しかしその優しさはどこか、諦念に裏打ちされているようでもあった。世の中に幻想を持っていなかった。世の中を一歩引いて見ていた。ご自身のことも含め、まるで小動物の世界を愛でるようでもあった。私たちはそれを優しさと取り違えていたのかもしれない。

理想論を振りかざすことがなかった。きわめて現実的、しかしその現実を内破する知性と技を持ち合わせていた。世の中を成り立たせている構造を明確に捉えることができた。その構造に何を投げ込むとどんな化学反応が生じるのか、正しく計算できた。そして実際にその「何か」を投げ込み、その構造が内破するのを見届けようとする人だった。

その最初の具体的な成果が建築だった。磯崎さんが本格的に建築をつくりはじめた70年代、建築の側から国家あるいは都市を再編することがもはや叶わなくなっていた。その構造を正確に捉え、建築を都市や国家から戦略として切り離した。政治的な力をもっとも発揮できるのは逆説的に内閉することと考えたからだ。そうして、群馬県立近代美術館（74年）、北九州市立中央図書館（75年）、西日本総合展示場（77年）など、綺羅星のような建築を立て続けにつくりあげた。

じつはすでにこの時点で、磯崎さんは実務家としての建築家の範疇からはみ出ていたと言っていいのかもしれない。与えられた課題の内からではなく、その外、つまりメタに立って思考し、建築をも解体しようとしていた。『建築の解体』（75年）という本も著した。

そうして、物理的な意味での建築ではなく、世の中のより大きな枠組での構造を、磯崎さんは「建築＝アーキテクチュア」と呼ぶようになった。そして、私たちの生の基盤であるその構造を撹乱し、解体し、再編しようとした。そのために、「いっさいの先行モデルがないときに線を引く蛮勇」を奮おうとした。

それをご自身の使命としたのだから、磯崎さんの思想と活動は、いわゆる建築を飛び越え、一気に広大な領土に広がっていった。

そんな磯崎さんがいなければ、私たちの前に進める道はなかったかもしれない。亡くなられた今、そう改めて感じている。

須賀敦子のくうき

須賀敦子の文学は、静的な幾何学ではとらえられきれない。

いくつものナラティヴが、次から次へと、連なって語られていく。間に、ほとんど、接続詞が挟まらない。にもかかわらず、つっかえない。流れは、ごくごく、自然。が、もちろん、まるで自然なつくりなどではない。逆に、きわめて不自然。

ひとつのナラティヴが終わったところで、と言っても、読書体験というものは、その先まで読み進まねば、そこで終わったことに気づかないものなので、この言い方自体が矛盾しているのだが、さて、次にどんな方向にナラティブが展開されるのか、予想することはほとんどできない。

それはモーツァルトの音楽を連想させる。モーツァルトの音楽もまた、先をまったく予想できない。なのに、なぜか自然に聞こえる。

たとえば、「ヴェネツィアの悲しみ」という掌篇。

まずはゆったりと、ヴェネツィアのフォンダメンタ・ヌオーヴェが描かれた、ある銅板画についての語りがはじまる。

海水面上に、得体の知れない人たちがいっぱい描かれている。だが、自分にはなにがなんだか「さっぱりとわからない」。あれこれ想像を巡らしているうちに、ふと画面の上に「1708年に氷結した、ムラーノ側の潟」と書かれていることに気づく。「それでわけがわかるのだった」。

謎が生まれ、解決をみる。おおまかに言えば、そんな話の流れのなかに、その絵がある本の一頁にあったこと、その頁を、冬の休日の午後に、漫然と繰っていたこと、本の著者がマンフレード・タフーリであること、などなどが、まるで「そうそう、そういえばそれはね…」というふうに、いろいろな方向に脱線しながら挿しこまれている。冬の弱い光のなかで、永遠のまどろみに呑み込まれるかのよう。時間がとまり、さかのぼり、また少し先に進んで、そっと終わる。最初に置かれる、一息のアダージョ・カンタビーレ。

で、

と、一呼吸(一行空け)あって、「かなりのあいだ、ヴェネツィアは私にとってひたすら『夢のような』都市であり、島であった」と、ある。

視点が、ヴェネツィアの一部であるフォンダメンタ・ヌオーヴェから、ぐいと、ヴェネツィア全体が見渡せるところにまで引かれ、え、なにがはじまるの？と息を飲むことになる。

つまり、転調する。

とはいえ、ここでも、「そうそう、ヴェネツィアといえばね…」という、話の気ままな脱線のような気配もなくはない。予測不能な展開なのに、自然な流れとも響く。

（最初のナラティヴでなされた小さな時間的脱線の連鎖が、この「自然な転調」——語義矛盾ではあるが——と呼ばれるべきものを可能にしている。）

そして続くこんな文。「夢のような、と形容するとき、ひとはふつう悪夢につなげては考えない。なんらかの意味で日常を忘れさせ、それから受けた傷を癒してくれるようなものや場所を、夢のような、というのではないか。」

ヴェネツィアを鳥瞰するまで引いた視点が、一気に、「傷を癒してくれるものや場所」に、横滑りする。「夢」から「傷を癒してくれるものや場所」へは、かなりの無理筋。だから、「というのではないか」と疑問形で終えて、読者に判断を委ねて、飛躍を和らげる。

「そういうものかなあ？」と思う間もなく、次の文。「そういった意味で、ヴェネツィアは、なによりもまず私をなぐさめてくれる島だった。」

一般論を思わせる文で大きく出てから、少なくとも私にとっては、と限定し、「まあ、それなら」と納得させる。

続いて、しばらくの間、どう慰められたかが語られる。島とは、それまでの現実であった大陸から、海によって切れた場所。だから「それ以前のどろどろから解放され、洗いきよめられた」、というように。

ここまで来て、ようやく、ヴェネツィア＝海を渡って行く島＝現実とは違う場所＝夢、という等式が見えてくる。

最初に、大きく飛んでみる。それから、だんだんと、もとに戻ってくる。それは、最初のナラティヴの「謎が生まれ、解決をみる」というのと同型の運動だ。

もとに戻ってきて、円環が閉じる。ひとつのサイクル、ひとつのフレーズが終わる。ふうっと息を継げる。

第2のナラティブのここまでは、「夢」という新しい主題に入りつつ、それがたしかに、フォンダメンタ・ヌオーヴェからまったく別の主題であることを確認させる機能をもつ。つまり、経過部。その両義の介在が、自然な移行を保証する。

次の段では、さらに、「夢」＝白昼夢＝箱庭＝おもちゃ箱＝「不思議の国のアリス」という、新しい等式が導入される。そのサイクルの終わりはこんなふう。

ヴェネツィアの人たちが大切にしてきた、オリエントの伝統を思わせる赤みがかった金の装飾品のきらめき。透明であったり不透明であったりする、色とりどりのガラス細工。ブラノをはじめ、島やアドリア海沿岸の村で女たちがいまも編みつづける精巧そのもののレース編み。そのすべてを記録するように、黒ずんだ運河の水面にゆれる数しれない色の明り。寄せてはかえす、小さな波のような女たちのおしゃべり。

アリスのような小さな存在になって箱庭に迷いこんだかと思われるヴェネツィア。そこでの事物の描写が列挙され、次第にそれが呟きになっていって、そしてフェイドアウトする。

さて、これを継ぐ次のフレーズを、あなたは想像できるだろうか。

それは、なんと、前フレーズの最後で、たまたま視界に入ってきた「女たちのおしゃべり」なのだ。「ヴェネツィアの女がウソをついたら、と話してくれたトスカーナの男がいた。」

たしかにつながっている。しかし、主題はまた横に飛んでいってしまっている。

そこから、語りは、『デカメロン』でただ一篇だけのヴェネツィアの話に大きく寄り道をして、ヴェネツィア人たちの「はてしない虚構への意欲」にたどりつく。ヴェネツィアがたよりない海上楼閣でしかないという現実を忘れるための、切実な夢＝虚構＝ウソへの欲望。そして、それがウソとわかっていても、それに縋らなくてはならないことの「悲しみ」。

こうして、「夢のような」ではじまったナラティヴが、「あっちへ行っては壁にぶつかり、こちらでは運河にぶつかり、右も左もないうちに」、いつしか遠いところにまで、私たちをつれてきてしまっている。絶妙な転調をつないでいったら、最初の調性から遠く離れたところにきてしまったというように。

「ヴェネツィアの悲しみ」は、かなり短い文章だ。しかし、ここまででまだ、半分も来ていない。こうして、細かくそのつくりを見ていくのは、ぼくには楽しい。でも、ここで言いたいのは、この短編が、どのようなやりかたで、あれやこれやのナラティヴたちを、目にみえない、精巧な針金細工によってつなぎあわせていっているか、ということであるから、もうこのくらいに留めておこう。

この掌篇は、ぼくが編んだ『建築文学傑作選』（講談社文芸文庫）にも収録した。解説には、こんなふうに書いた。

この小篇は、起承転結に代表されるような静的な構造をもっていない。全体をつくる要素は、それぞれが独立するいくつものエピソードであって、それらエピソードが、その独立性をたもったまま、つながったり、とぎれたり、ほかのエピソードを入れ子状に包んだりしながら進んでいく。この文学を読むことはだから、いわば石と石との間が、見えない線で思わぬ仕方で次々と編んでいかれる、その針金細工の妙に見入っている体験のようだ。その運動のなかに、この文学の幾何学はある。

最初のナラティブの主題であったフォンダメンタ・ヌオーヴェは、後半、そこで船を待ったときの思い出として再出する。いわば、遠く伏線となっている。短いテキストのなかに、伏線で結ばれたいくつもの言葉やものが、あちらこちらで響き合っている。


そういう伏線も重要である。しかし、もっとすごいのは、今見てきたような、フレーズからフレーズへの移行でつねに起きている視点の移動だ。それぞれの移行は、局所的な関心の変化でなされている。それが「針金細工」。全体像は、ない。

なのに、その連鎖が結果的につくりだす全体の「くうき」がうまれている。

くうきは、癒しえないもの／癒そうとすること、あたりにあるだろう。

でも、くうきは一言の言葉では言えない。言えないことを、その全体でなそうとするから、くうきが必要になってくる。

IV

表現領域の極小化への道——千葉学の建築

図式が届かない表現の領域

建築が相手にするのはいつも、一筋縄ではいかない状況だ。ひとつの建築に関わる人びと、つまりそれを見る人、体験する人、使用する人、投資する人は、一般的に言って多岐多様であるし、それに応じて求められる機能も異なっているからだ。そもそも、人の行動や感情をあらかじめ明確に切り分けることができるかどうか、そこからして問題だ。周辺環境との関係もある。構造として、設備として、属する社会として、コストとして、工期として応えなくてはならない課題がある。建築は、このように、複雑に絡み合った、あるいは分節することさえ困難な状況を扱っている。

こうした渾沌を快刀乱麻に整序し得る単純な幾何学を「図式」と呼ぶ。そして複雑を複雑のままに放置せず、図式による明快な解法を目指す性向を「図式的」と呼ぶ。千葉学の建築は、こうした意味で、きわめて図式的だ。たとえば「日本盲導犬総合センター（2007年）」は、盲導犬を訓練するという機能と、盲導犬を通じた福祉活動を広く社会に浸透させるという機能とが併存する施設であるが、千葉はそれをたったひとつの、蛇行する回廊という幾何学によって全体を見事に統合しきった。

何かを「つくる」時、私たちは、目の前に広がる曖昧模糊としたもの、ほつれ絡み合ったもの、放っておけば散逸していこうとするものに、ひとつの形を与え、整理し、串刺し、ひとところに留めようとする。逆に言えば、その行いがなければ、「つくる」ことにはならない。図式は、その行いが帰結するひとつの方策である。

しかしそういう図式と言えども、結局のところ、全体を完全に統御することはできない。まず「表現」が取りこぼされる。図式そのものは、その建築がどう見られるべきか、という問題にまで辿り着くことができないからだ。では、図式だけでは埋めることができない、建築のこの表現という側面をどうすればよいのか？千葉は早い時期に、この問題の存在に気づいた。そしてある意味ではこの問題を軸として、彼の作品は展開してきた、と言ってもよい。実は、逃げ道はなくはなかった。その建築がそこで採用している図式からつくられているように「見えるように」つくる、という同語反復的な表現を採用すればよかったからだ。組み立てられた図式が透けて見えるような建築。あるいは、それを目指し、その方向で研ぎ澄ましていく建築。しかし千葉は、表現が欠落せざるを得ないことを隠蔽するそうした安直な道を選ばなかった。

ひとつのきっかけは「大多喜町役場（2012年）」だったように思われる。1959年に完成した今井兼次設計の町役場が手狭になったため、2009年に新館増築のコンペが開催され、千葉はその勝者になったのだが、そこで彼は、今井による旧館を、新館の設計に負けない熱量をもって改修したのである。

今井による旧館にも強い図式がある。それは、当時多くの庁舎建築を物していた前川國男や丹下健三に、もっと遡ればル・コルビュジエにまで繋がるカルテジアン・グリットを基本とする図式だ。しかし今井は、この抽象的な図式をあくまで空間の形式に留め、それがどのような全体として見られるべきかについては、スケッチを繰り返し描いて模索した。その思考は、穏やかな山並みと相応する水平な直線というところからはじまって、柱を千鳥に配置するアプローチ・ポーチや、屹立する鐘塔や陶器を割って貼られたモザイクタイルの壁画として、また会議室天井の梁に描かれた絵として現われていった。大多喜という土地とそこに暮らす人びとの世界が、今井兼次という芸術家を通して翻訳され、建物の全体像として刻印されていった、と言ってもいい。図式が到達できない表現という領域との間の溝が、「芸術」によって埋め合わされたのである。

「建築計画」で埋め尽くすこと

1945年の敗戦以降、日本の建築家たちは、「来たるべき民主主義」というモダニズムのイデオロギーを牽引する存在として自らを位置づけてきた。今井の、民衆の「表現」の統率者としての自己規定もまたそのひとつの現れであった。今井にあっては「表現」は、図式とは別のレイヤーのものとして、豊かに存在し得た。その一方で、前川國男や丹下健三などは、同じ自己規定からはじまって、表現を意図的に排除しようとした。たとえば、都市に解放された民衆のためのの広場としてのピロティ空間というような強力なモダニズムの物語で、打ち放しコンクリートという表現の欠落を補完しなおそうとしたのである。表現への近接と排斥が、同根の自己規定から派生していた。

この構図が崩れるのは、建築家たちがもはや社会を牽引できないと悟った1970年頃である。そして、建築家たちは以後、図式からは導き出せない「表現」をどう引き取ったらいいのかという問題に差し戻された。もはや、ノンシャランには、表現することも、表現しないことも、できなくなってしまったのである。

そんな中で千葉が取ろうとしているのは、図式が対象として取り上げる直接的な課題とは別に、第二、第三の課題を重畳させることによって、表現が占める領域をとことん極小化していこうとする努力であるように見える。大多喜町役場の旧館では、改修という直接的な課題に加え、第二の課題として今井兼次の表現への徹底的な仮託というレイヤーを加えることで、自らの恣意的表現を封印し極小化した。新館においては、自然光で柔らかく満たされた余白のある空間こそ理想的な執務空間ではないかという仮説を第二の課題として加えることで、トップライト群を屋上に唐突に招き入れることを許容し、それによって純粋な直方体という安易な表現についつい陥りかねない窮地を救って、外観としての表現を消すことに成功した。

片廊下という教育施設の平面計画の定石をそのまま採用しながらも、その配置を反転させるという鮮烈かつ強烈な図式を追求した「工学院大学125周年記念総合教育棟(2012年)」では、学生の生活にとっての多様な場の生成という建築計画学的第二課題が深く探求されることで、表現が実は空座のままに置かれていることを忘れさせた。
片廊下を外側に回すという図式は、街に向かっての、またお隣との内に向かっての、適切な繋がりの距離を図るという直接的な課題に応えた「釜石市大町復興住宅1号・釜石市天神町復興住宅（2016年）」でも採用される。そこに、建設コストと工期から「表現に手を出せない時の表現とは？」という第二課題が加わることで、表現を零度まで持っていくことに成功した。

かつての建築計画は、そこに内在する課題群を抽出し整理した上で、それに対する解決策を提示するという、リニアかつナイーヴなプロセスをもってなされたものだった。しかし、課題群というものは本来的に、提示された解決策によって逆に定義されてしまう性質のものである。つまり課題と解答の関係は相互補完的・流動的であり、課題群の措定は、解答の収束よりも拡散を、つまり創造的行為を導くのだ。千葉が重畳させる別レイヤーの多くは、そうした意味での新しい建築計画である。

図式的であろうとする。しかし、それは表現にまでたどり着けない。その溝を「芸術」で埋めようとしたのが今井兼次なら、千葉学は「建築計画」によって、表現の消去への漸近線を描こうとしているように思われるのである。

「建築展」ではなく「上映会」として――中山英之の建築

建築家の展覧会をほぼ毎回開催しているＴＯＴＯギャラリー・間に、「中山英之展 ,and then」を、しかし、建築展としてではなく、上映会として観に行った。チラシに、こう書かれていたからだ。

これは、過去に建ち、建築家の
知らない時間を過ごしてきた
５つの建物たちを映した
建築のそれから／ ,and then
を眺める小さな上映会です。

目指す上映会は、いちばん奥で行われていた。エレベータを下り、上映されているフィルムのポスターを尻目に中庭への扉を開け、屋外階段を上って、扉を開け、再び内に入ったところがその会場。小さな椅子が並べられているので、それに座って、部屋いっぱいに広がったスクリーンに映し出される映像を観る。全部で6本、休憩を挟んで、ちょうど1時間。映画館よろしく、後ろの壁には背もたれ用の木製バーがとりつけられている。
上映が一巡すると、テロップが流れ、映像に登場した建物などが「ホワイエ」で展示されているので、もし時間があれば帰りに寄ってみてほしい、と案内される。ホワイエとは、下の階の、入るときに素通りしていた空間だ。そこに、スタディ過程の模型、スケッチ、撮影の道具などなどが並べられている。映像を見終わった後だから、映像のメイキング篇を観るような感じだ。

中山はこうして、この展覧会を「建築展」ではなく「上映会」と位置づけることによって、普通の建築展だったら、まさに展示物であるはずの模型などを、資料体あるいは二次資料でしかないものとして観せることに成功する。ここでの作品は、階上で上映されている映像であって、模型などはその理解を助ける補助的材料だ。「作品」ではない。

もっともふつうの感覚では、建築とは現実の土地に実際に建てられた建物のことだから、その意味では、模型、図面、写真、スケッチもそもそも建築ではなく、二次資料だ。そして建築をより広くとらえるならば、建築とは設計されたその物体や空間だけのものでなく、そのまわりに広がる環境、気候、人々の営みなどを含んだ、その総体であるということになるわけだから、仮に展示室内に原寸でその「建築」が再現されても、それは「まがいもの」であり、本物の建築ではないということになる。つまり、展示室で行われる建築展は、基本的には、二次資料だけで構成された資料展なのである。ふつうの建築展は、この事態を隠蔽しようとする。しかし、この展覧会はそれを隠すどころか、まずはそうでしかないことを、間違いようのないやり方で伝えることから出発する。

出発、というのは、しかし、階上の映像もじつはまた「作品」ではないからだ。それらはたしかに、映像作品として楽しむことができる。しかし、もう一度チラシの文章を注意して読めば、この上映会で「映される」のは、映像そのものではなく、「5つの建物たち」であり、「眺められる」のは、やはり映像そのものではなく、それら「建築のそれから／, and then」なのである。つまり、この「小さな上映会」で、観られ体験されるべき対象＝「作品」はやはり、映像の向こう側にある建築なのだ。

こうして、私たちがこの会場を後にする頃には、階上の映像もまた二次資料であり、この展覧会にあるものすべてが、観られ体験されるべき「そのもの」ではなく、それに近づくための媒体＝メディアであったことに気づかされる。この展覧会は、こんなぐあいに、精巧に緻密に組み立てられている。「上映会」は、ミステリーで言うところの、叙述トリックだ。

では、私たちは、この空間的ミステリーで、いったいなにを体験したのだろうか？

あるいは、私たちは、この展覧会でなにを「わかった」のだろうか？

今回、取り上げられている建築に、《2004》という住宅プロジェクトがある。中山の処女作だ。

この建築に触れて、中山はかつてこんなふうに書いている。少々長いが引用しよう。

> 初めて自分で設計することになった住宅の敷地は、休耕田の一角でした。…土地を見に行って最初にした仕事は、クローバーの間から敷地境界線を探すことでした。…（しかし）急にその線を頼りに形を考えていくというのも、なんだか違う気がしました。それで、この土地の中だけ残ったクローバーの地面から、家を離して建てることにしました。既に工事の始まった他の家も、敷地境界線から測ったように距離を置いて建っています。こちらは垂直に五〇〇ミリ、他の家は水平に五〇〇ミリ。…とはいえ、自分の家が建つ土地から距離を置く、というのはどういうことでしょう。家全体のかたちは全然思い浮かべずに、とりあえず一枚絵を書いてみました。地面にブランケットを敷いた上に、女の子が寝ころんでいる絵です。途中で思い直して、ブランケットの縁にガラスを立てました。この子は、「二〇〇四年の地面」を、ガラス越しに見ていることになります。四辺をガラス越しの地面に囲われているとしたら、家族の生活はどこにあるのでしょう。そこで、もう一枚絵を書いてみます。女の子の上に床が浮いているような絵です。床の上には椅子やテーブルが置いてあります。

机の上にはコップがあります。
（『中山英之／スケッチング』、新宿書房、２０１０）

なにも設計だけに限った話ではないだろうが、なにかをつくるときには、具体的思考と抽象的思考が、そしてそれらを両輪とした駆動が必要だ。具体的思考とは、今、目にしていることをしっかりと見ること、つまりそれを意識的にとらえること。もう一方の抽象的思考とは、見えているそのものから視界を離さないまま、しかしそこから飛び立って妄想のなかで遊ぶこと、つまりメタの立場に立ってみること。片方だけでは、つくることは進まない。両方があって、しかもそれらがうまく噛み合って、はじめてつくることができる。

とはいえ、中山のつくりかたは独特だ。

敷地の、その区画あたりだけにクローバーが残っていることから、かつてそこに休耕田が広がっていたことを想像する。これはきわめて具体的な思考だ。他の区画の家々のどれもが、律儀に敷地境界線から50センチ離して建てられつつあるのを、あるおかしみをもって見る。これも具体的思考。しかしその２つの具体的思考から、建物を50センチ浮かせて土地から離してみれば、というのは抽象的思考。妄想に入っている。

目の前にあるものから目を離していないままの妄想が、設計をはじめるときの出発点にある。おそらく妄想は、ここに書かれたものだけではなかっただろう。いくつかの妄想は、先まで走らせてもそれ以上に膨らまなかったから、捨てられた。膨らみ、最後に残ったのが、ここで書かれた妄想だった。そんなように想像される。

次に見られ、描かれるのがスケッチだ。紙に、手あそびに描いたものに、試しになにかが加えられると、情景が浮かんでくる。そのなにかを消せば、またもとの情景に戻る。描かれ消されつつあるものをしっかりと見て、そのたびごとに明滅する妄想を吟味して、ひとつの情景を喚起させるものとして、ひとつのスケッチが終わる。具体的思考と抽象的思考が交錯して情景を生みだす、あそびとしてのスケッチ。こうして土地を見ての妄想と、そこからはじまったバラバラの、いくつもの妄想された情景が集まっていく。

で、それから?

中山は、先の引用に続いて、こう書きついでいる。


当時、僕はまだ事務所勤めだったので、勤め先にいたいちばん優秀な学生に「設計料折半」で手伝ってもらうことにしました。翌日の夜中に様子を見に行くと、スタディ模型ができていました。数枚のスケッチを元に、その子が勝手に推理して作った模型です。「絵と絵のつじつまを合わせようとしたら長さが五メートル近くになってしまいましたよ」というデーブルに、絵を書いた本人がおどろきました。…（そして）全体像を考えすぎない絵と、そこから推理して作る模型、というやりとりを繰り返しているうちに、ちゃんと写生できるくらいの家が、頭の中で想像できるようになっていきました。

全体像のない情景と全体像を示してしまう模型との行き来。これは、中山がスケッチで行なっていることとの拡大版だ。紙にとりあえず描かれたものと、描き足されたものによって示されるある特定の情景との行き来。一枚のスケッチが「終わる」とは、互いに異なる振動で動き続ける具体的思考と抽象的思考とが、ぴったりとシンクロする瞬間のこと。そして、そうして描かれたスケッチたちが現わす個々の情景たちの振動と、全体を俯瞰する、つまり模型が示すメタの情景との振動が重なることだ。スケッチとこの作業の二つは、見間違うことなく、同型にある。

そして、そのシンクロの瞬間が、最初の、土地から自由になってわずかに浮く家という妄想に一周して戻ってきて、思いがけずシンクロするとき、中山の「建築」はできあがる。紡ぎ出されたバラバラの情景がひとつひとつ、粒だったまま、しかしそれらがある瞬間、ひとつの大きな情景として串刺される。そして、いったん串刺されてみれば、個々の情景たちが、過不足なく選ばれ配置されていたということに、一巡して気づかされる。そんな一筋縄ではいかない、しかし一分の隙もない緻密な構成を成り立たせるという、ほとんど魔法と言ってよいようなことが、中山にとっての「建築」なのだろうと、想像する。

こうなると、その「建築」はミステリーに近しい。

数年前のこと、彼とヒッチコックの映画の話をしたことがある。『映画術 ヒッチコック／トリュフォー』が話題だった。そのとき、彼がこのすばらしく刺激的な本のなかから、ひとつ例を挙げて話しはじめたのが、「北北西に進路を取れ」制作時のひとつのエピソードだった。そして、今回の展覧会の開催に併せて出版された『建築のそれからにまつわる5本の映画, and then: 5 films of 5 architectures』(TOTO出版、2019)の、まさに上に挙げた《2004》に寄せて書かれたエッセイ「スイスにはチョコレート」にも、この建築を導く補助線として、そのエピソードが語られている。このエッセイは、彼が考える「建築」について、とてもよく書かれているので、ぜひ手にとって読まれることをお勧めするが、ここでは、もとの『映画術ヒッチコック／トリュフォー』から、当該箇所を引用しておこう。

ヒッチコック：ニューヨークから北西に向かう途中にデトロイトという町がある。フォードの自動車工場が林立している町だ。その工場のすさまじい流れ作業の列を見たことがあるかね？

トリュフォー：いいえ、見たことはありません。

ヒッチコック：それは見事なものだよ！この見事な流れ作業の列に沿って、ケイリー・グラントと工場の監督が歩きながら話をするシーンを撮ろうと考えた。ふたりは、たまたま、ある男の話をしている。彼らの背後では、ベルトコンベアのうえで、一台の自動車がいろいろな部品からしだいに組み立てられていく。そして、ガスもオイルもつめこまれて、すぐそのまま乗って走れる一台の自動車ができあがるところまで見せる。まったくの無から、単なるナットとボルトから、完全に組み立てられた自動車を目のまえにして、工場の監督がケイリー・グラントに言う。「どうです、すばらしいものでしょう」。それから自動車のドアをあけてみせると、なかから死体が転げ落ちる。
（『映画術 ヒッチコック／トリュフォー』、山田宏一、蓮實重彦訳、晶文社、1981）

ヒッチコックは、違和感のない情景によって観客を安心させ、不意打ちを食らわすシーンを好んだ。そしてそのために、「スイスにはチョコレート」あるいは「オランダには風車」と、舞台として選んだ土地に関わるクリシェをわざと使った。だからデトロイトなら、オートメーション化された自動車工場、というわけだ。

このどこかイギリス人的皮肉を感じさせる嗜好はまあ置いておくとして、ここで大切なのはもちろん、シーンの最後で、車から死体が転げ落ちることだ。その瞬間に、それまである長さで継起していた観客の安心が打ち砕かれ衝撃に変わる。また、さほどの意味をもっていなかったシーンが、突然、大きな謎に凝固する。なぜなら観客は、何もないところから自動車が組み立てられている過程を見せられてきたわけで、であれば、できあがった自動車に死体が入っているはずはないのだから。ヒッチコックのサスペンス映画は、こうした奇術に裏打ちされている。

ヒッチコックが、もっと言えば、数かぎりない刺激を与えてくれる『映画術 ヒッチコック／トリュフォー』のなかからとりわけ、このエピソードが、特権的に中山にとって重要なのは、その奇術性、あるいは事後的に全体を串ざす一瞬の力にあるように思う。

それがなければバラけ散逸していきかねないいくつもの、あるいは継起する情景をひとつのものに串刺すこと、一見、無関係に思えるすべての要素間に、一瞬で、時計仕掛けのように完璧な関係を張り巡らせ凝固させること。この美意識において、ヒッチコックと中山は、あるいはヒッチコックの「映画」と中山の「建築」は、通底している。


この一瞬の一撃を「物語」と呼ぶことができる。そこにおいて、はじめて全体を統御する意味が発生するからだ。

この展覧会では、作者はしかしその「物語」を占有する意思をもっていない、ということが宣言されている。もう一度、チラシの言葉に帰れば、「過去に建ち、建築家の知らない時間を過ごしてきた5つの建物たち」と、すでにそれら建物たちが、作者の手を離れて生きていることが前提とされているからだ。設計のなかでは「物語」は作者の「妄想」である。しかし、いったん建築ができあがれば、それはもう作者の「物語」ではなくなる。

では、「物語」はなくなってしまうのだろうか？

それを検証するために、作者によってではなく、基本的には住まい手たちによって、5つの建物たちが映像化されるのが、この展覧会である。

作者にとっての一瞬の奇術は、建築が構想されるなかでも一瞬であるが、それが完成した後にも作者の手から離れ、霧散してしまうという意味で、やはり一瞬の奇術なのだ。

こうした中山一流の「建築」は、なにもいわゆる建築においてだけに適用できるものではない。今、見たように、それは映画にも適用することができる。たぶん、音楽にも、美術にも、文学にも適用できるだろう。だから、展覧会という状況に適用することも可能であり、「中山英之展,and then」はそうして、奇跡の一瞬として「小さな上映会」という「物語」を代入してみた、というふうに、ぼくには見えている。

作者はつくるときのみでしかありえない。であれば、上映会の幕が開いたとたん、作者は劇場支配人になる。

釜石市立唐丹《とうに》小学校／唐丹中学校／唐丹児童館

——乾久美子の建築

1　その、部分において感覚される手続的幾何学性

「唐丹小学校・唐丹中学校・唐丹児童館」の構造は、華奢でもなく、ごつくもない。おそらく歩留まりをよくするためだろう、寸法体系は尺貫法による。ただし、半間（3尺＝910㎜）、1間（6尺＝1、820㎜）、2間（12尺＝3、640㎜）というような、切りのいい寸法ばかりが現れるのではなく、中途の寸法が多く採用されている。基本単位は、半間をもう一度、半分に割った455㎜のように思われる。普通より小さな寸法をモジュールとする。そのおかげで、空間のスケールを繊細に整えることができる。

たとえば、教室の前に設けられた、「ワークスペース」と呼ばれる広い廊下の幅は、11モジ

ュールと、なんとも微妙な数字でできている。独立柱の列柱が、その中央ではなく、やや窓に寄ったところに、4モジュールのスパンで並ぶ。この列柱、正確に言うなら、教室側から6モジュール、窓側から5モジュールのところにある。

梁が、独立柱ごとに、つまり4モジュールごとに架かる。しかし、その梁がぶつかる教室の幅は14モジュールなので、柱間7つで教室が2つになり、教室の境の壁が2教室ごとに柱と柱の中央にくる。それで、空間に動きが生まれ、柔らかくなる。

一方、教室に架かる梁は、廊下の梁と直交方向。大きさもスパンも違えている。こちらの梁間は廊下側の半分、2モジュールだ。

ただここに差があるということだけでなく、より重要なのは、その切り替えの場所で、そこだけ梁が大きくなるというような無粋なことが起きていないということだ。2つの、ほとんどまったく異なったと言ってよいくらいの空間が、軽やかに、ただ軒を並べて接しているというつくりになっている。

(ちなみに、1階の天井高は3・3mほどで、高さに余裕がある。2階の天井は2寸勾配の屋根に沿って、2m弱から始まって棟に向かってゆるやかに上っていく。横方向にのびやかさがある。どちらの階も、その階のありかたとして、まったく無理を感じさせない。

それはともかくとして、ワークスペースの天井のつくりが、1階と2階でずいぶん異なる。その差とそれがどのような感覚を引き起こしているかもまた興味深いことではあるが、それは写真ですぐに見てとれることなので、ここではくだくだと説明しない。)

これら木構造は、物理的寸法としての細さや繊細さを目指しておらず、やや、太いかな、といったところで落ち着いている。ときに、方杖が入って、潔い。廊下の独立柱は、1階で5寸角、2階で4寸角。

こういう一見無造作な木構造が、基本的には、あらわしで使われている。(どこで、なぜ、その基本を外れて大壁になるかも興味深いことではあるが、ここでは説明しない。)天井もシナ合板で、同じステインが塗られているから、構造と仕上げの視覚的区別は目指されていない。建具も木製で、やはり同じステインが塗られている。

ここには、モノのその物理的なありかたを無理強いするような、つまりモノを視覚的効果に従属させるようなデザインは、まるでない。そのかわり、緻密に、繊細に、スタディされた寸法体系ばかりがある。それはなにをも伝えない。ただ「くうき」だけが伝わってくる。機械的というのとは逆の、徹底的に調整された複雑なつくりである。

2　その、全体において感覚される手続的幾何学性

明確なグリッドに乗っているが機械的ではない、ということは、建築全体にも見てとれる。

校舎全体（「全体」には、校庭に面して建つ体育館棟と児童館も含まれるべきだろうが、ここではそれらを除いた小学校・中学校部分を「校舎」と呼ぶ）の平面配置は、大まかに言って、4列の横長桝目による市松で、各列の建物の幅はどれもが同じ、27モジュールだ。長さは似通っているが、兄弟姉妹のようにちょっとずつ違う。88モジュール、84モジュール、78モジュール、79モジュール。

断面的には、1段を4mの高低差とする4段の仮想グリッドが引かれている。校庭から数えて最初の列の建物（第1列）が下から1段めと2段めを使った2階建て。次の2列は連結され一体の建物（第2列と第3列）となっているが、これは2段目と3段めの2階建て、最後の列の建物（第4列）が3段目と4段めの2階建て。

平面的、断面的に、すべてがきちんとグリッドに乗っている。

しかし注意して見れば、平面的な列の配置の層にもう1層、別の層が重なっていることに気づかされる。

まず、第3列と第4列が、5モジュール分、噛み合っている。この5モジュールというのは、先の「ワークスペース」の窓側の空間の幅。その幅が、第4列と第3列をまっすぐ串ざす廊下として使われている。つまりここで、5モジュール幅の糊代という層が重なっている。

その一方で、第2列の手前2階には、テラスが細長く、5モジュール幅で張りついている。

テラスは海を望む格好の場所となるだけでなく、それがなければついつい無機的になってしまいかねない建物群の、校庭側からの姿に絢をつけている。

このテラスの下は、庇空間となった外廊下として使われる。そこに向かって、第1列の右端から、背の低い渡り廊下が伸びていき、その庇空間に吸い込まれる。5モジュール幅の内外の廊下が、こうして形成される。外付けされた縁としての、5モジュール幅の糊代がここに隠されている。


このように、内挿された廊下と外挿された廊下が、対置されているわけだが、市松は、建物の市松とネガポジの関係で、中庭的外部空間の市松をももつ。そしてこの内挿／外挿の違いが、そのままこの外部空間の幅の差となって現れる。第2列と第4列との間の中庭の幅が22モジュールであるのに対して、第1列と第3列との間は27モジュールと広くなるのだ。

そして、その広さを利用して、第2列の幅11モジュールの「ワークスペース」がそのまま、第3列の手前まで延長され、テラスとなる。このテラスが、校舎全体の昇降口に面する前庭となる。ここにも糊代が、ただし今度は11モジュール幅のゆったりとした糊代が隠されている。

テラスの第1列側には擁壁があって4m落ちる。そこが第1列1階にとっての、16モジュール幅の裏庭になる。その一方で、第4列の第2列側にはテラスはなく、すぐに擁壁になっているので、第2列の裏庭には22モジュール幅としっかりとした大きさが生まれる。糊代は、室内だけでなく、外構においても擁壁の位置に関わり、緑の庭のあり方に変化をつくりだしている。

糊代は横列方向だけにあるのではない。縦列方向にも、糊代が一箇所、ある。それが第2列の建物と第3列の建物がつながる箇所だ。外形としては、単に2つの列が横並びに接しているにすぎないように見える。しかし、その内部に2つの列を縦方向に貫く糊代が隠されている。

その糊代の幅は14モジュールで、教室と同じ幅だ。この糊代は、校舎全体のなかで要の位置にあるというだけでなく、ひとつの特異な空間となっている。まず、左右の壁が厚く、基本的に大壁で、白く塗られている。防火扉も見えるわけだから、それらの壁が耐火性能を持ってつくられたことは想像に難くない。

上階の天井では梁が隠され、シナ合板の天井面が、2(ふた)山分、切妻形が並んでつながった形で伸びている。中央の谷の部分は、滑らかな凸曲面として処理されている。この建物で(たぶん)唯一の曲面だ。頭スレスレのところにある、その曲面の、なんとも言えない艶かしさ!(頭がぶつかると危ないから曲面としたという、いたってプラクティカルな理由だったただろうこともまた、想像に難くないわけだが。)

とはいえ、第2列の建物と第3列の建物の間で、防火区画を形成するということもできたはず。そうはせずに、こうして縦方向に伸びる空間が設けられたのは、糊代という層を横列で重

列柱間のベンチ

ねた以上、縦列にも適用しないとおかしい、というような、首尾一貫性を求める論理が働いているからだろう。

形式的首尾一貫性の追求が、空間認識の捉えにくさ、こう言ってよければ、空間の読みの解放あるいは豊かさをもたらしている。

往々にして見られる「コンセプト」の可読化を目的とした一貫性の追求＝単純化と逆の位相にある、形式的首尾一貫性である。


（蛇足になるが、この箇所の下階では、教室の前に設けられた、「ワークスペース」と同じ語法が見られる。幅広の長い空間のほぼ中央に並ぶ列柱が現れるだけでなく、その柱に挟まれるベンチという仕掛けもあるからだ。そのおかげで、空間の退屈な並置というのではなく、ワークスペースが、折り曲がりながら蛇のように続いていくという感覚が、校舎を貫くこととなる。）

こうして、建物の全体配置もまた、緻密に、繊細に、スタディされた寸法体系ばかりがある。それはなにをも伝えない。ただ「くうき」だけが伝わってくる。機械的というのとは逆の、徹底的に調整された複雑なつくりである。

3 手続的幾何学性、または配置計画

こうした微妙な調整作業を拾っていくと、キリがない。まだ、建具や家具について、触れられていない。あるいは、おそらくここでも重要なことだったに違いない「小さな風景」についても、触れられていない。では、書き尽くせないにもかかわらず、延々となぜこんなことばかり書き連ねてきたのか、と言えば、こういう果てしない作業こそが、まさにここでの「建築」だからだ。

海岸から坂を登り、唐丹の集落を歩いてこの学校に辿りつくその印象に、まるで違和感が感じられない。さらに校庭を突っ切り、跳躍する階段を上って、校舎を迂回し、野草の生えた坂道を辿って岡の上に出る。見返すと校舎の上階だけが頭を出しているから、面する建物は横に伸びた平家に見える。そのずっと向こうに湾が見渡せる。学校を通り過ぎても、ずっと違和感

がない。
集落の家々と学校ではスケールが違う。新築である。使われている素材も違う。色を、集落から採取した、と聞いた。それは関係ない、とは言わない。にしても、ここには、なぜここまでの集落からの連続感があるのか。

こうした感覚が生まれる理由は、まずはこの建築が「造形的」につくられていないことにある。

モニュメントとしても、シンボルとしても、つくられていない。特徴的な形態も、新しい空間の発明も、構造的アクロバットもない。これ見よがしのところがまったくない。ありきたりの手だけでつくられている。

全体を覆うグリッド体系だけがある。その意味で、この建築は純粋だ。しかしまた、その純粋性を表現しようとする兆しもない。グリッドだけがある。その抽象性を表すデザインというものがありえるのに、それも目指されていない。

目にされるのは凡庸な形と、標準的な素材ばかり。ふつうそう捉えられているところの「建築的」デザインの手すべてが、封印されている。

しかし、これは投げやりにつくられた建築でもなければ、普通であることを目指した建築でもない。それとはまったく逆の、徹底的にスタディされた建築である。

この建築は、きわめて強力な幾何学からできている。静的な幾何学ではない。設計が進むにつれ、全体が揺れ動き、複雑化しつつまた単純化しつつ進行する、終わることのない手続的な幾何学だ。この建築は、それだけでできている。

その強度がもっとも表われるのが配置計画だ。それは、動きながらも、揺るがしがたい精度にまで達する。そして、それを鍛えあげる論理が、建築内部まで侵入し、細部に至るまで、つまり全体を一気通貫に串ざす。

いや、そういう順番ではないだろう。すべてのことが同時に、同じ論理構造——配置計画に代表される——で整えられたことが想像される。

「配置計画」だけでできている、というこの建築の発明。

4　モノの民主主義

設計を手続的幾何学を運用するだけに限定するということは、その運用される対象が作者に発しない、ということを意味する。対象は、作者の恣意でなく、所与として、そこにすでにある。

その土地の自然植生を使うということも、その集落にある色を採取するということも、あり

ブリッジ上の空調室外機

きたりの建築形を用いるということも、そこに補助線としてのグリッドがあることも、「私」に先立ってすでにそこに「世界」がある、という感覚から発する。

世界は、現実から、つまりいまここに私が生きているという意識から切り離されては、構想されず、計画されず、投企されない。

そのような場合、人にとって、すべてのモノは等距離にある。すべてのモノは、「私」の存在とは関わりなく、それが認識されてしまっているという点において、あるいは見えてしまっているという点において、消し去ることのできないものであると同時に、それが操作対象になっているという点で、揺りうごかし、また変形することができうる対象でもある。

「私」とモノとの距離は、モノの種類にかかわらず、そのようにして、同等である。

そうであることのひとつの表れに、モノの順序のなさがある。建物であれば、それは、骨格や殻としてのインフラと実や内臓としてのインフィルという切り分けに抗う。メタボリズム建築（幹と枝葉）は当然、嫌われる。あるいは、構造体と仕上げという切り分けを否定する。なぜなら、そこにあるすべてのモノは、不動であるとともに揺らぐものであることにおいて、同等だからだ。

この方法でつくられる建築には、ひとつの共通した特徴が刻印される。モノの民主制である。

たとえば、構造体である木の梁と仕上げであるシナ合板が、同じステインで塗られる。たとえば、空調室外機が、中庭の上空に堂々と設置される。たとえば、斜面には、地形の変化に合わせて曲げられた白ガス管の手摺が設けられる。

こうして、その建物は、それが建つ環境に違和感なく嵌まりながらも、その環境全体を新しい相に変える。

5　正道であること、すでに「建築」を逸脱していること

小林秀雄と坂口安吾との間で交わされた、「伝統と反逆」という有名な対談がある。

坂口　一つの時代の正しい生き方、つまり時代的に限界された生き方というものがあって、それを表現する芸術形式というものがあってさ、そこで芸術が時代の正道になる、そこに芸術が、時代的に完成することによって、他の時代にも生命をもちうる意味があると思うのです。梅原氏の芸術形式には、時代の精神や思想がもたらした真実の足場をもたない。つまり骨董的玩味からきたものだと思う。

梅原龍三郎が「骨董的玩味からきた」と批判されている。坂口安吾がここで言う「骨董的玩味」とは、安全な場所に身を置いて、「一番幼稚なもの、つまり人生、その一番正しいものと関係がない」という姿勢を指す。梅原龍三郎は、自分のまわり現実に対して対峙していない、だから、その絵がどんなにすごいものであっても、それは「脇道」であり、「奇型」にすぎない、というのだ。

「芸術なら芸術で、どんなインチキなものでも、スタンダードというか、正道をとっていなければならん所があると思うんだよ。」

古い事物に対してだけ「骨董的玩味」が働くというのではない。新奇なもの、刺激的なものをつくっても「骨董的玩味」でありえることに、坂口安吾のポイントがある。

今までやられてきたこと、あたりまえのこと、普通を、引き継ぐのではない。かと言って、目を惹くもの、今まで、見たことも感じたこともないものをつくろうとするのでもない。もっとも身近なこと、「バカなこと」と誰もがとりあわない「卑近」な現実から出発し、そこに横たわる規矩をいちいち「反省」し、次段階の現実をつくりださなくてはならないと言うのだ。そうなれば、それはもはや従来の「小説」ではない。

「小説は一つの作り物だからね。或る一つの人生を作るものでなくちゃ嘘だと僕は思うんだよ。」

同じ意味で、「唐丹小学校・唐丹中学校・唐丹児童館」は、もはや従来の「建築」ではない。それは、日常生活で体験する空間そのものではないし、そういう空間に潜在する規矩に導かれて自然に生成する空間でもない。その一方で、それは日常生活で体験することから切断された、まったく新しい体験を与えてくれる空間でもない。今までなかった新しいものを次々に消費しながら、止まることなく先に進みつづける社会の構成要素でもない。

そこには、こういうものが「いい」、というあらかじめの価値基準がない。もちろんコンセプトもない。実現しようとしているイメージもない。あるのは、とりあえず目の前にある事物、とりあえず従わざるをえない規矩、つまり「現実」だけ。そこからはじまって、しかしその現実をなぞるのではなく、次段階の現実をつくろうとすること。ここにある「建築」とは、結末が約束されていない、そのような無謀のことだ。

このことをもう少し穏便に言うなら、「チューニング」という言葉に行き当たる。前に、こんなふうに書いたことがある。

チューニングとは、狂った調べを正しい調べに調整する、という意味だ。ピアノなら正しい音律に、ラジオなら正しい周波数に。弦を絞めて音を上げたり、緩めて音を下げたりして、良い響きを探す。あるいは、ツマミを左右に回し、きれいに音が出るところを探す。

良く響くところはひとつだけではない。音律にはオーセンティックなピッチもあるけれど、若干上げたのを好む奏者もいる。ラジオなら、もちろん、局ごとに周波数は違う。試し、探し、この響きでよいと判断できるツボは複数ある。このことは、チューニングということが、ひとつの理想からの具体化というのとは逆の方向をもった行為であることを暗示している。つまり、チューニングとは、目の前の具体からはじまって、それをひとつの理想を体現した具体に近づけていく行為なのである。

チューニングが開始される段階では、明確には目的地は見えていない。わかっているのは、その目的地に辿りついたときに感じられるはずの漠然とした気分、「気持ち良さ」だけだ。なにかを試す。設計では、現実に試すのではなく、頭のなかで試す。それで目的地に近づくのかどうかをそのたびごとに考え、判断する。目的地が見えているわけではない。いわば、光のわずかな変化を嗅ぎ取りながら、霧のなかを進む感じ。目的地が見えたときにはじめて、理想と具体が合致して、結果として、目的地が知れる。(「新建築2015年4月号」月評、『フラジャイル・コンセプト』収載)

「結果として、目的地が知れる」とは書いたものの、じつのところ、目的地は、約束されていない。辿りつけないかもしれないし、そもそもないかもしれない。

つまり、チューニングということの核心は、そこに辿りつくことにはなく、それを目指すにせよ、しかし五里霧中を行くことにある。

もしも「震災後の建築」というものがあるとしたら、このような建築のことを言うのだ、と考えている。

地下鉄駅の劇場性について

1　舞台と客席について——都営三田線「板橋区役所前」駅

駅にはどこか、舞台を思わせるところがある。別々のところから来て、別々のところに向かう人々が、すれ違う空間だからだ。街のほかの場所でも、知らない人とすれ違う。しかし、すれ違いの密度がもっとも高い都市空間が駅だ。なかでも地下鉄駅は、周辺のビルや道が見えるわけでなく、閉じた室内的世界であるから、その分よけいに劇場を連想させる。とはいえ、演じる人がいて、観る人がいる、というわけではない。駅では、それぞれの人が演者であると同時に観客だ。

もちろんどの地下鉄駅も、そんな劇場性をめざしてつくられるわけではない。しかし、結果的にすばらしい劇場になることがある。都営地下鉄の駅ではどこだろう。ぼくならまっさきに、三田線「板橋区役所前」駅を挙げる。

「板橋区役所前」駅は、上下線を挟んで両側にホームがある、いわゆる相対式ホームの駅だ。

上下線の間にはコンクリートの列柱がある。実は、この相対式ホームという形式と上下線の間の列柱だけで、もう十分に劇場性が生まれてくる。相対式ホームでは、こちらのホームに立てば、上下線の暗がりの向こうに、輝く反対側のホームが舞台のように目に飛び込んでくる。間に挟まる列柱は、舞台の額縁になる。その舞台上には、これから反対方向に向かおうとする人々が佇んでいる。こちら岸の少年は、いつも向こう岸に見かける少女に、今日も告白できなかったことを悔やんでいるかもしれない。

間の列柱が重要なのは、たとえば同じ三田線の「白山」駅に行けばすぐにわかる。やはり相対式ホームだ

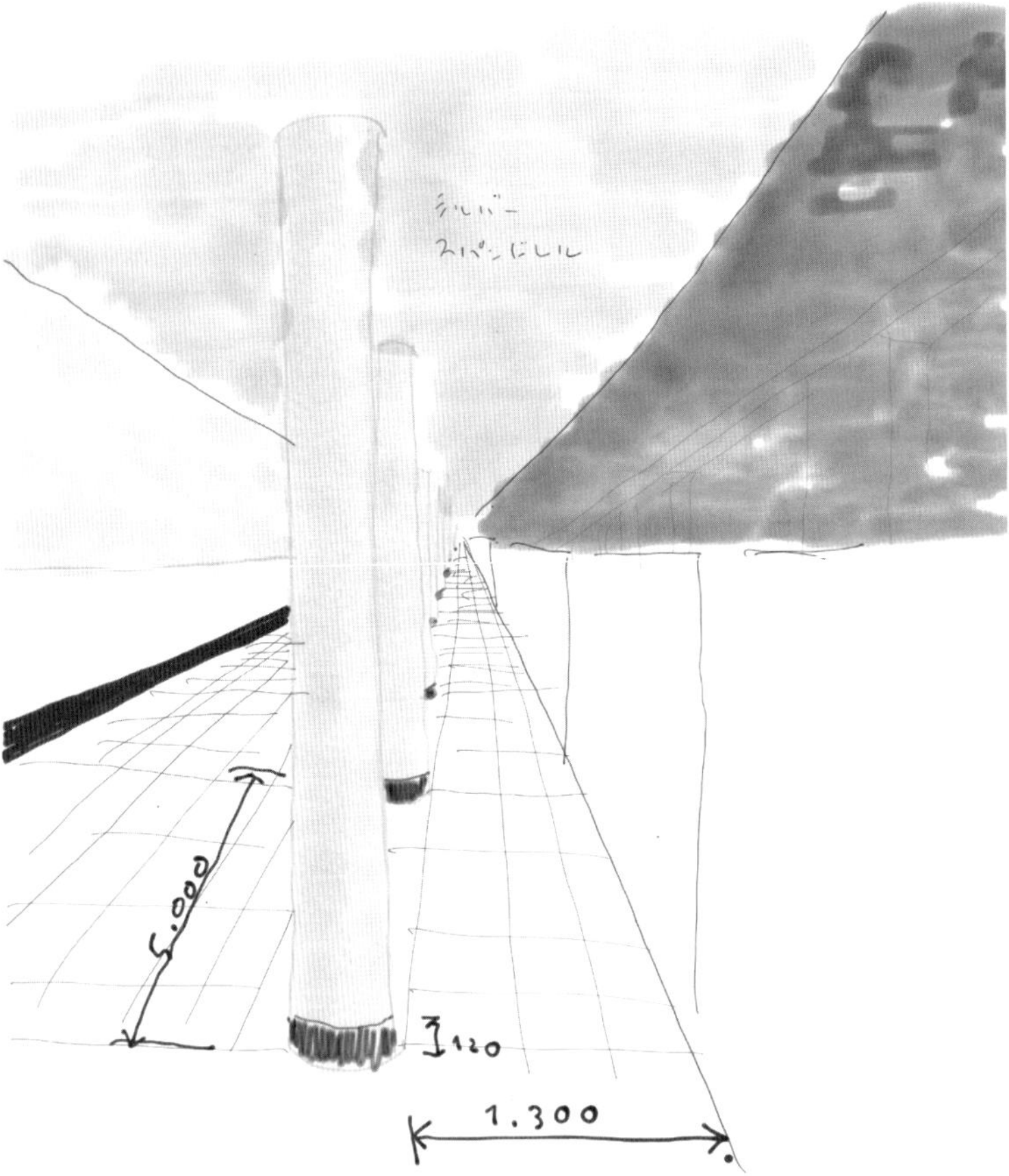
シルバー
スパンドレル
5.000
120
1.300

が、間の列柱がない。たしかに反対側のホームが舞台に見えないこともない。でも、劇場としては、ちょっと間が抜けている。その分、ゆったり広々とした感じになっているわけだけれど。間の列柱の幅やゴツさも重要だ。同じく三田線の「芝公園」駅も間の列柱がある。しかしそれらは、舞台額縁としては、ちょっと幅広く、柱と柱の間よりも柱そのものの存在が際立ちすぎる。その点、「板橋区役所前」駅は、劇場として完璧だ。

もうひとつ「板橋区役所前」駅でいいのは、ホームの柱だ。太さがちょうどいい(約40cm)。間隔がいい(約5m)。ホームの端からの距離もいい(約1.3m)。この柱だと、人が完全に隠れてしまうのではなく、ちょっと安心できる居場所を生み出してくれる。もたれて立っている人がちらほらといるのがその証拠だ。それぞれの人が、それぞれの居場所を持つことができる。これも、ひとつの劇場性だ。

さらに色がいい。ホームの柱と、上下線の間の列柱が、水色パステルに塗られている。ホームの側壁の腰も薄い水色だ。隣の同じようなつくりの「板橋本町」駅が藤色。その隣の「本蓮沼」駅が若竹色。その次の「志村坂上」駅が淡黄色。ぜひ、その差が駅の雰囲気にどう影響するか、実際に、駅で降りて感じてもらいたい。「板橋区役所前」駅には、それら似た駅のなかで、どこか夏休みののどかさを感じさせる空気があって、その点でも好きだ。

もし映画を撮るならこの駅だな、と思っている。

2 色とシークエンスについて――都営大江戸線「六本木」駅

大江戸線六本木駅ホームでは、日本では珍しいことに、積極的に黒が使われている。太陽光の差し込まない地下は暗いので、黒という選択には勇気がいるはず。しかもこのホームは、地下深いことで有名な大江戸線のなかでももっとも深く、日本全国最深地下鉄駅なのだそうだ。どんな設計の過程だったのだろう。「黒？　ただでさえ、暗いところに入っていくのに、気分が暗くならない？」というような議論があったと思うのだけれどどうかわしたのだろう、などというのは余計な心配で、実際、「空間が暗い」と「色が黒い」は違うのである。

「空間が暗い」というのは、光が少ないと感じること。白い部屋でも光がないと暗い。というより、光の少なさに敏感に気づくのは、むしろ白い部屋の方だ。部屋にいる人に同じくらいのわずかな光があたっている場合、白い部屋では人は暗がりのなかで沈んだままだが、黒い部屋ではスポットライトに照らされたように際立って見える。つまり、黒い部屋では、人は劇場の舞台に立っているようなもの。だから、黒が多用された大江戸線六本木駅ホームは、電車を待つ人を美しく、あるいはキリッと見せてくれる。駅という、知らぬ人同士がすれ違う舞台背景として、黒はなかなかいい選択だ。この駅は、艶ありの黒にゴールドの小波壁があしらわれていて、ちょっと豪華で、大人っぽくもある。

この駅のもうひとつのポイントは、延々と地下深くまで降りていく体験をどう演出するか、ということ。シークエンスのデザインと言ってもいい。一度、東京ミッドタウンの側（7番出入口）から、降りてみてほしい。個人差はあると思うけれど、ぼくはビルで言えばほぼ10階分

に相当する42・3mを降りているほどには深さを感じないのだが、どうだろう。まず改札階まで降りる。改札の先を右に曲がって、もう一つ下の階に降りる。その先には幅約10mの大きな壁面がある。右に折り返して、またエスカレータに乗る。降りてすぐ右に折り返して、広い通路を進みながら7段の階段を降りて、その先をぐるっとまわって、最後のエスカレータに乗り、大門方面のホームに到着。折り返しごとに、息継ぎが入る。同じ折り返し方の反復だとつらいが、毎回違う折り返しの趣向がある。7段の階段付きの広場が挟まるというのも、なかなかしぶい技だ。それでも、乗り換えるエスカレータは4台だから、平均すれば1台

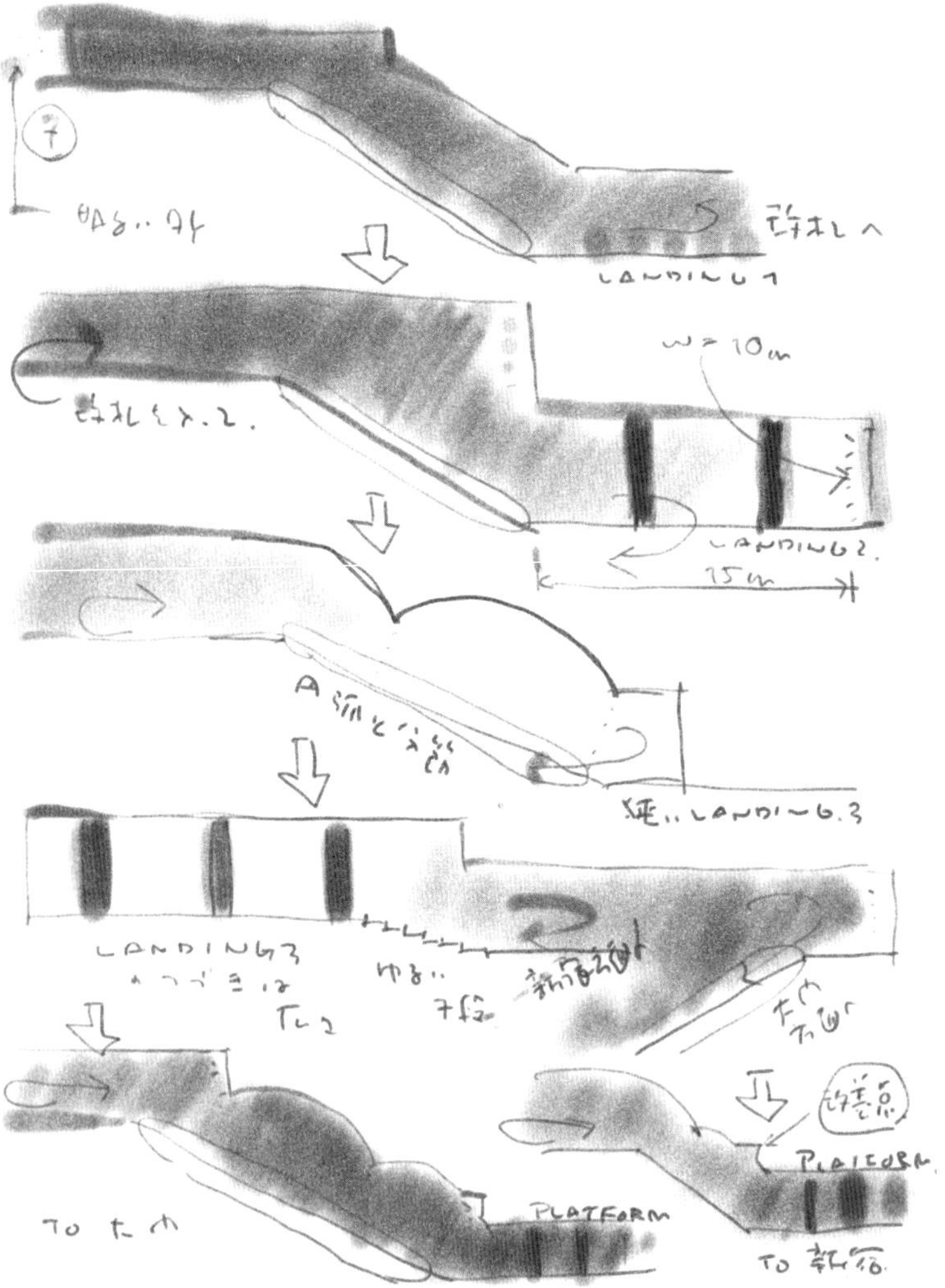
LANDING 1
W=10m
LANDING 2.
15m
LANDING 3
PLATFORM
PLATFORM
TO 新宿

で2・5階降りる計算。やっぱり長い。そこで、エスカレータ部の天井にふた山のカーブをつけて、途中に息継ぎを入れる。うまい。このシークエンスのデザインは、過不足なく、清潔だ。と感心しながらも、ぼくだったらどうするか、ついつい考える。降りる深さを「感じさせない」以上に、深さを「楽しませる」ことはできないか。なにせ、奥には素敵な舞台が待っている。そうそう、降りるときのことだけでなく、上るときのことも考えたい。降りるにつれてだんだん黒を強めていく。同様に、上るにつれてだんだん黒を強めていく。とするなら、途中のなかほどがもっとも白くなる。黒から白に、白から黒に。さすれば、降りるときも上るときも、舞台に出る高揚感が加えることができるかな、と。

3　交錯する都市の線――都営浅草線「東銀座」駅

今回のテーマは、都営浅草線東銀座駅。まずは昭和通りと晴海通りの交差点に立ってみてほしい。この「三原橋」交差点、少々、複雑にできている。2つの道路が立体交差しているだけでなく、2つの地下鉄路線が立体交差しているのだ。

一番下は東京メトロ日比谷線で、これは晴海通りの真下を走っている。その上、昭和通りの下を走るのが浅草線だ。両線の東銀座駅は、2つの路線が立体交差するこの交差点の真下にある。だから駅も、当然のことながら、立体交差。その同じ場所で、道路も立体交差する。昭和通りが、晴海通りの下をアンダーパスとなってくぐっているのだ。だから、三原橋交差点に立

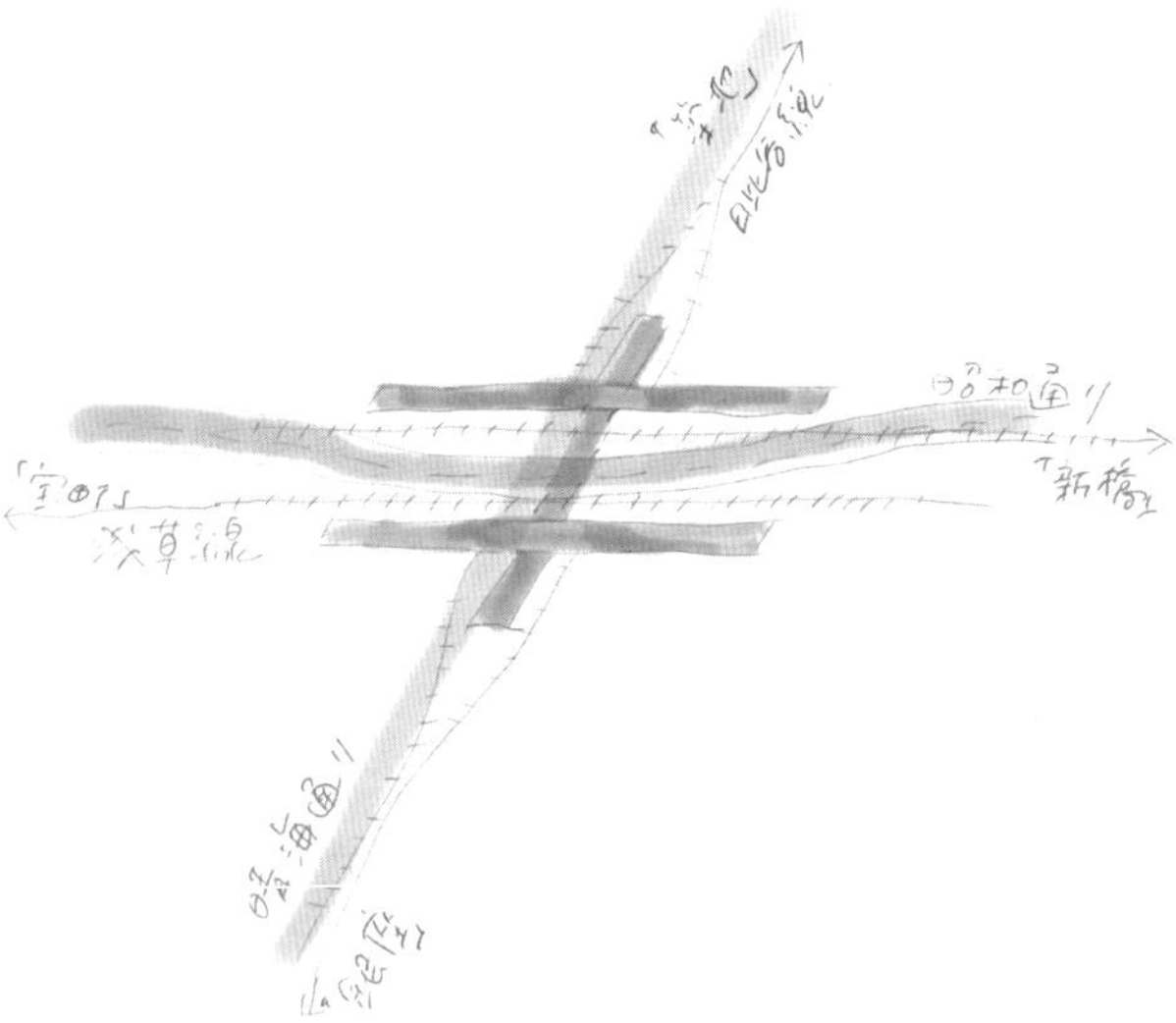

って、手すり越しに下を覗けば、昭和通りが下を走り抜けているのが見える。

浅草線東銀座駅は、この昭和通りのアンダーパスとほぼ同一平面にある。つまり、下に見えるアンダーパスの両側に、浅草線東銀座駅上りホームと下りホームが、分かれてある。このことを、三原橋交差点に立って、まずは上からとくと想像してほしい。様々な線が行き交い、ときにすれ違い、ときに並走する、大都市ならでのこの事態。さて、浅草線東銀座駅は、そんな都市性をどう感じさせてくれるのだろう。期待で胸がわくわくしてきませんか。

浅草線東銀座駅の上りホームと下りホームは、改札内ではつながって

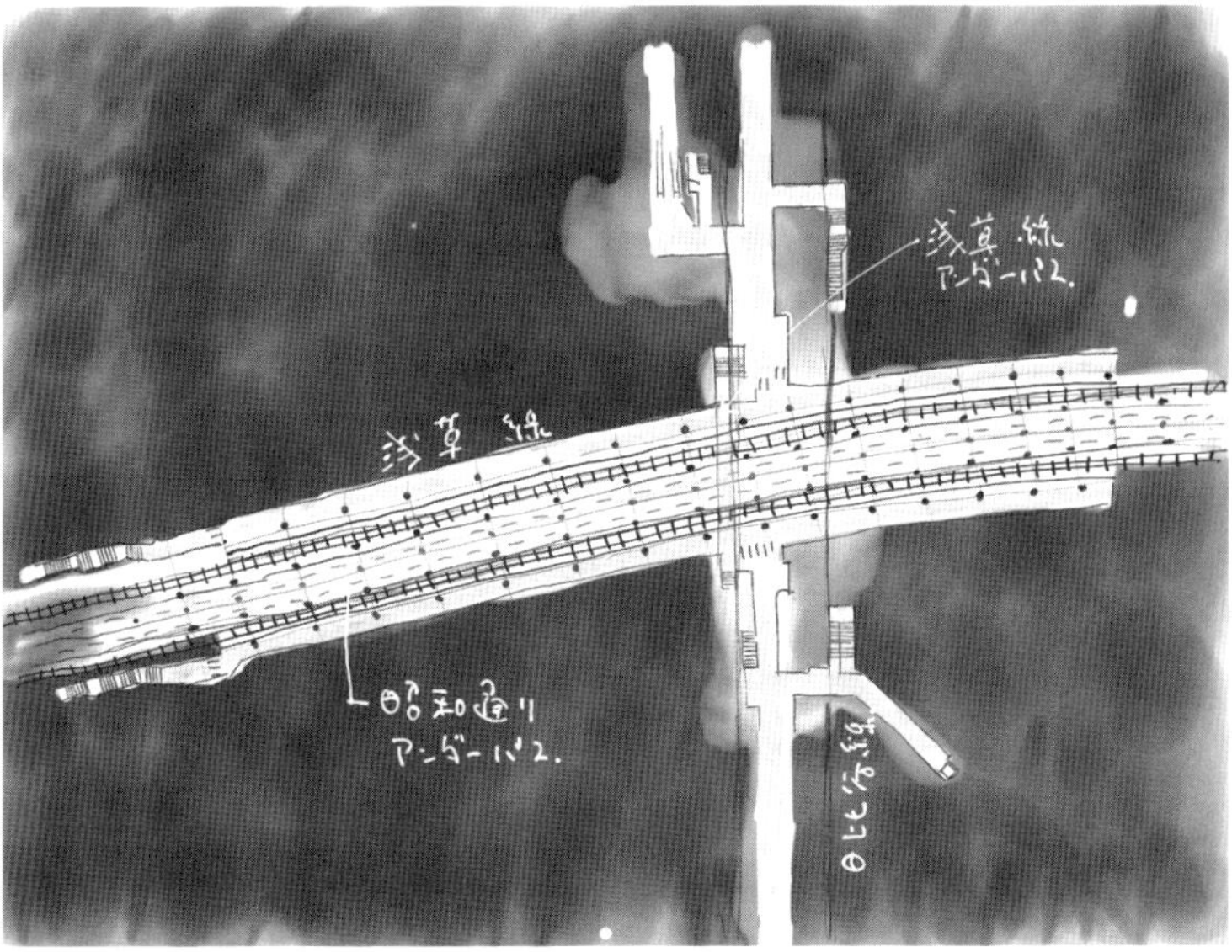

いない。行き来には、線路をくぐる地下通路による。この通路は、だから、アンダーパスになった昭和通りの、さらなるアンダーパスだ。通路の上、コンクリートのすぐ上を車が行き交っている。先ほど、交差点の上から下を覗いた私たちは、それを感じることができる。通路を歩いていると、なんだか、すごい体験をしている気分がする。

が知らない人がそれを感じられるかというと、答えはノーで、同じことは、改札を抜けたホームにも言えること。ホームの先には、線路に並行して、昭和通りアンダーパスを走り抜ける車が行き交っている。その向こうには、相対式ホーム対岸で、人々が電車を待っている。手前から

言えば、地下鉄車両に乗って移動する人々、その向こうに車で移動する人々、その向こうにやはり地下鉄車両に乗って移動する人々、さらにその向こうには、電車を待つ人たちが重なっている。人々の様々なスピードでの、このすれ違いの重なり。それをいま真横から見ていることを想像すると、すごい。が、見えるのは壁ばかり。ま、スペクタクルのために、駅をつくっているのではないので、しかたないけれど。

とはいえ、駅をもっと魅力的にしようとするなら、なにもお化粧のところだけでなく、もっと大きなところでできることがある。実はそこではすでにすごいことが起きているからだ。それを目に見えるように、心に伝わるようにするだけで、駅の魅力ひいては街の魅力が大きく増す、と妄想するのは建築家の悪い癖かもしれない。

4　美しく空っぽな空間――都営新宿線「馬喰横山」駅

都営新宿線「馬喰横山」駅にはどこか、ホッとするところがある。今の街の多くとは違って、どうぞご自由にと、放っておかれている気がする。

まず、駅名からして放っておかれる。都営新宿線、都営浅草線、JR総武本線が交差していて、コンコースで連結されているそれぞれの駅名が違う。「馬喰横山」駅、「東日本橋」駅、「馬喰町」駅。こうなると、名前などもう、どうでもよくなってくる。そこに駅があることはわかっているけれど、さてなんていう名前だったっけ? そういう人が多いのではないだろうか。名無しの、ちょっとスカして言えば、匿名性の高い都市空間。何《なに》でもない空間のなかの、誰でもない人間。ほら、それこそ都市の自由であり、孤独ではないか。

方向感からも自由になれる。実は、この3駅、地理的に言って、かなり特異な場所にある。日本橋の街のグリッドが伸びてくる。その一方で、隅田川の川筋に沿った別のグリッドが伸びてくる。その2つのグリッドがここでぶつかる。2つのグリッドがぶつかれば、三角形が生ま

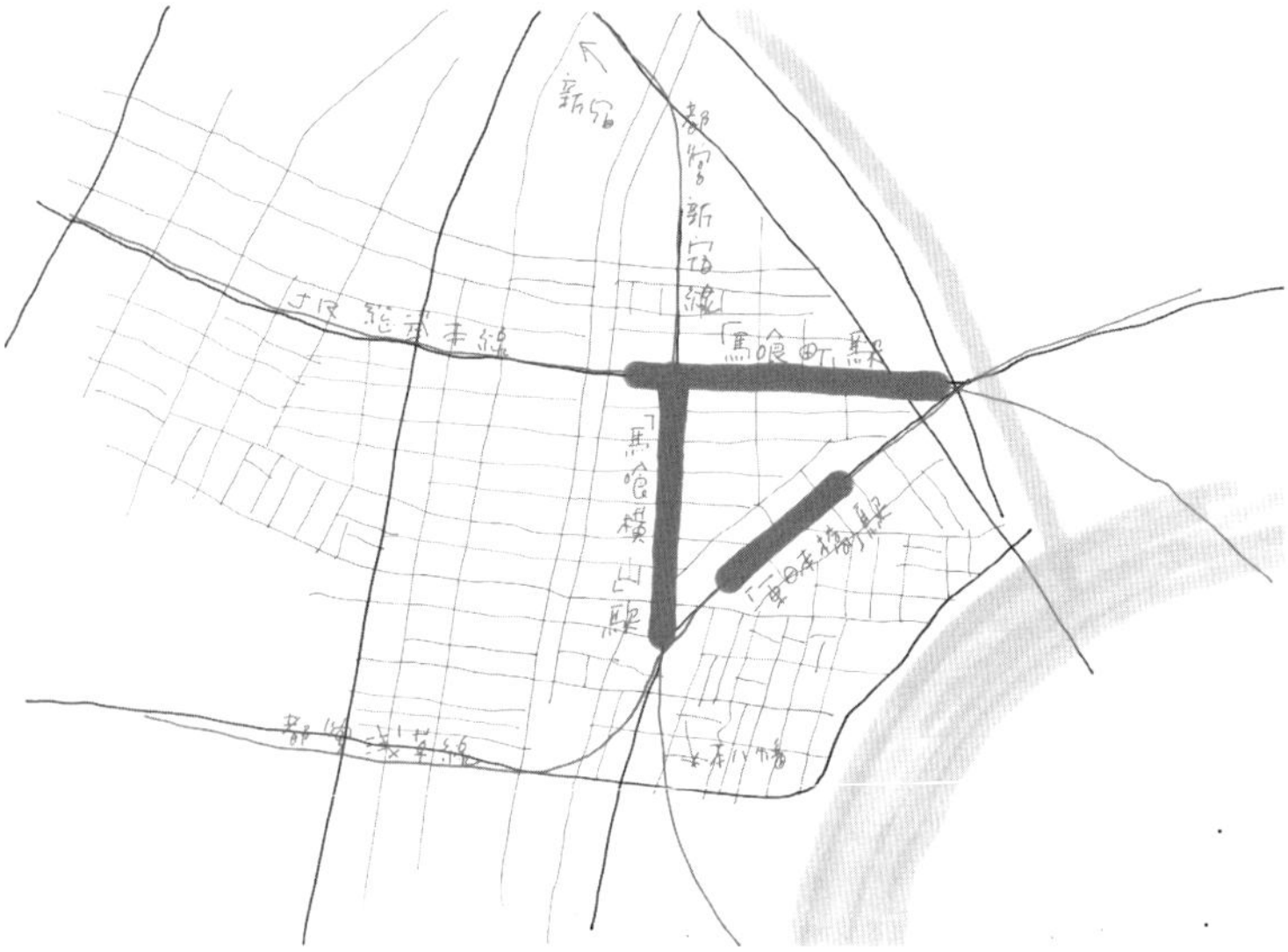

れる。ここではその三角形は直角二等辺三角形。その斜辺の下に、都営浅草線「東日本橋」駅がある。これは、地上を歩けばただちに実感できること。しかし、この3駅を連結する地下コンコースには、この撹乱されたグリッドの複雑さがない。それはただ、直角に2回折れるコの字型の連結で、街の特性をちょっとも反映していない。どこでもある、と同時にどこでもない匿名性の高い空間になっている。

コンコースは広い。なかでも都営新宿線「馬喰横山」駅両端の改札口をつなぐコンコースは、その半分の半割空間を定期券発売所や駅長室やトイレに使われているのだが、それ

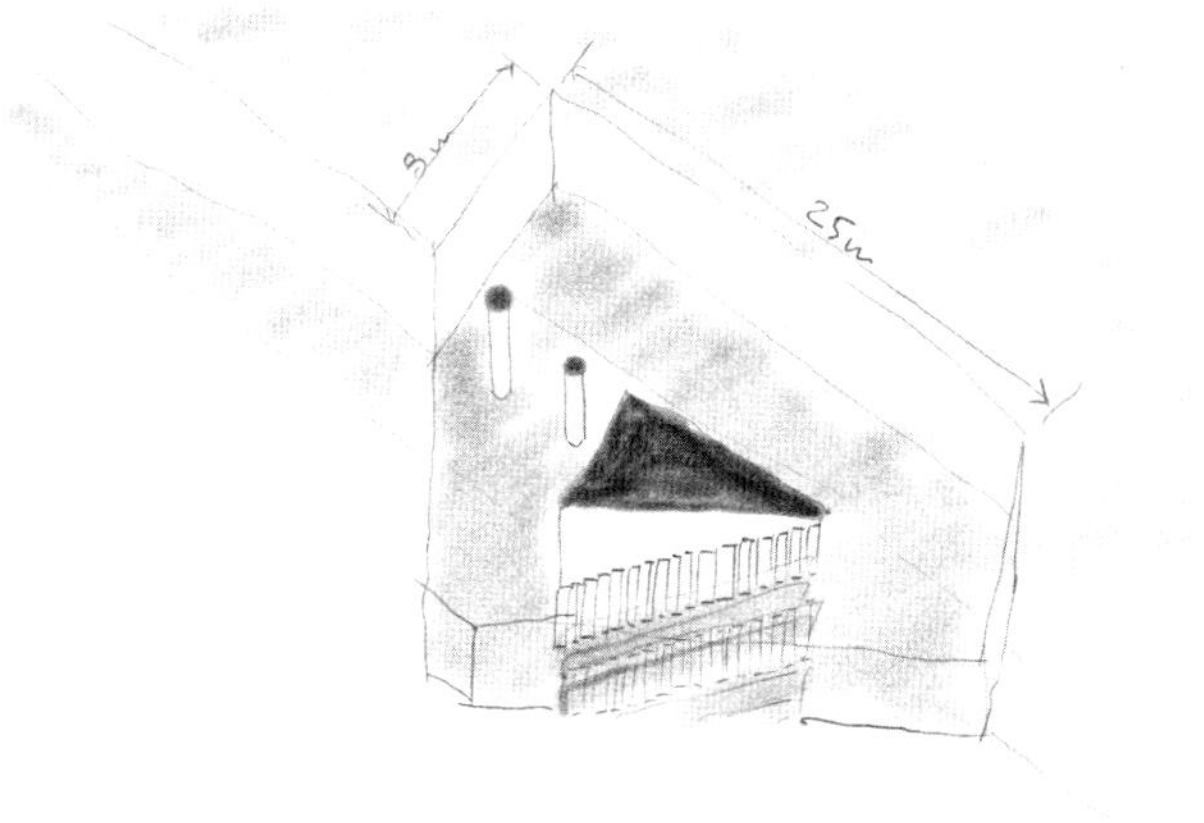

でもまだ十分に広い。それら半割空間がないJR「馬喰町」駅側では、もう広場と言っていいほど広い。人と空間との間に隙がある。空間が人を忖度していない。その潔さに、この空間の寛容がある。

この寛容、都営新宿線「馬喰横山」駅の改札を通って、階段を降り、途中の踊り場階に出たところでピークを迎える。ぜひ、本八幡側の改札から入って欲しい。階段なりエスカレーターなりで降りて、右に折れる。すると、目の前にゲートのような2本の黒い柱が現れ、その向こうに、何もない空間が広がる。正面の横長の壁の両端には扉がある。しかしそれ以外には、その約25mの長さを持

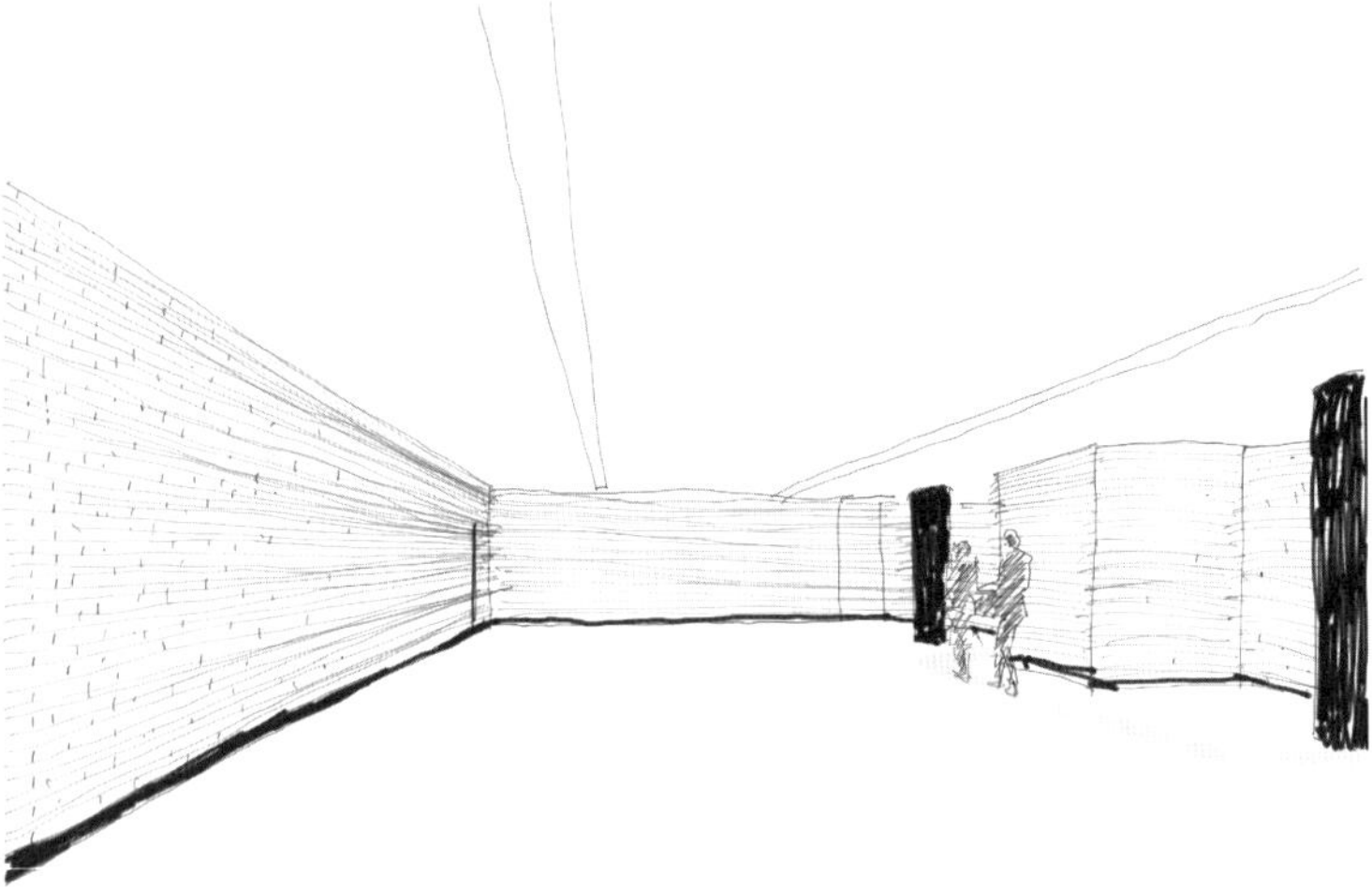

つ壁には、何もない。ポスターさえ、1枚も貼られていない。ただタイル貼りの壁が続くのみ。奥行きは8mほど。ぐるりと回って、ホームへとさらに階段が続くので、人は皆、端を歩く。その横には、誰もいない広大な余白が広がっている。

気取った空間ではない。ただ「ない」と感じられる空間がそこにある。それはあなたを拘束しない。その逆に、あなたは自由、何をしてもいいよ、と言ってくれる。こんなに美しく「空っぽ」の空間は、今の東京にそうそうない。

公共ってなんだろう

このところ、都営交通だけでなく、公共交通機関のアナウンス音がどんどん大きくなっているように感じます。スピーカーの音質が悪いから、もうがなり声で、耳をつんざくばかり。堪えがたいことがよくあります。この耐えがたさは、いい音質のスピーカーに換えるだけでは解消できません。音量と放送量が根本的な問題だからです。耳が遠い人は、大きな音でないと聞こえません。目で読むことができない人は、アナウンスが頼りです。そういう人たちに誠意をもって対応しようとすれば、音が大きくなり、放送が多くなるのも当然。しかしその一方で、大きな音、絶え間ない放送に苦痛を感じる人たちも、やはりいることもたしかなこと。誰にとっても良い、というのは困難なこと。いや、不可能なのかもしれません。

一般的には、公共という言葉は「みんな」という意味で受けとられています。たとえば、公共な場では、みんなに情報が伝わるようにしなくてはならない、と聞いて、反対する人はいません。しかし、公共とみんなはたしかに重なる場合もあるけれど、じつはそもそも違うことを言っていて、にもかかわらず、その違いがついついい混同されてしまっているのではないか、と思っています。

　みんなとは全員ということです。そして、全員とは、いくつもの異なるグループが集まった集団のことです。世の中、同質の人たちだけでできていません。先の例で言えば、耳の遠い人のグループ、目で読むことのできない人のグループ、音に暴力を感じる人のグループなど、それぞれに固有の性格をもつグループから、世の中はできています。そのみんなが等しく差別なく、というのは公共性というよりは、民主性と言った方がいいでしょう。

　では公共性とはなにかと言えば、こんな具合に、私たちの社会がバラバラなグループであることを前提にして、その間をとりもとうとする努力のことだと思います。異なるグループ同士が触れ合えば、摩擦が起きかねません。その摩擦を無理やりなくそうとすれば、人それぞれの個性が押しつぶされます。それもとてもまずいことです。だから、摩擦をなくす、ではなく、その摩擦をなんとか受け入れられるものにする、その努力が公共性なのではないか、というのが私のいまの仮説です。みんなに伝わるようにすることは大切なことです。しかし、それだけでは誰かが犠牲にならざるをえません。だから、異なるグループ間の境界をなくす、ではなく、そこに緩衝帯を設ける。いやいや、そんな余裕はないなかで、公共交通機関の方々は日々努力されているのではないかと察するのですけれど。

くうきの本質

在宅勤務だけだと仕事にならない人がいる。ぼくもその一人だ。現場でのチェックや、素材や実際の空間やスケールの確認はもちろんのこと、皆で模型を切ったり貼ったりして案を練ったり、思いついたことや妄想を自由に具体的に出し話し合う。生身の人間が集まって、膝を突き合わせて、時間を気にしないで、エスキースする。そんなミーティングができなければ、案はちっとも膨らまない。それが、2020年3月28日から1ヶ月あまり、在宅勤務体制のリモートで仕事をして、はっきりとしたこと。

もちろん、エスキース・ミーティングばかりでは、図面は進まないし、模型もつくれないし、十分にもやもやと考え悩むこともできないので、それぞれの作業時間は必要だ。とりあえずの目標に進むための活動と、その成果を見せ合って、その目標に合致しているか確認するための活動も必要。実際に生身の人間が集まって行なうまでもない仕事もある。そして、そういうことは思いの外に、リモートでできることがわかった。

仮に、前者の活動を「現場」、後者の活動を「作業」と呼んでおこう。現場とは、一期一会と言ったらいいのか、丸腰の、出たとこ勝負の、終わってみて、あら、こんなところに来てしまったのか、と思うような活動のこと。一方の作業は、逆に、予め目標が決まっていることを、達成するための、予定調和的な活動のこと。こうしてみると、現場はほぼ「原っぱ」、作業はほぼ「遊園地」に相当する。

で、ぼくの事務所の場合、これまで現場が重要だったし、これからもそうだと、改めて確信した。それができなければ、仕事を続ける意味もない、とも思った。

それで、5月4日をもって、徐々に、事務所でのリアル活動を再起動することにした。とりあえずは、週2日、事務所で「現場」をする。残りの日々は、それぞれで「作業」をする。必要であれば、リモートでコミュニケートする。本当言えば、現場と作業をはっきりと分けるのは難しく、日々の成り行きで、比率や濃度を変えるマダラ模様に混じり合うのがいい。しかし、今は「コロナの時代の新たな日常」、なのだそうだ。できることからはじめるしかない。

それにしてもこうして、いろいろな用事がことごとくキャンセルかリモート対応になってみると、皆がわざわざ時間をかけて、移動して、集まらなくてもいいものが、いかに多かったのか、実感せざるをえない。作業は、楽なほど、少ないほど、いい。それで得られる時間をもっともっと、現場に振り向けられたら、楽しく、うれしい。DXは、それが可能なまでに、すでに進化していたのだった。コロナが変えたわけではない。単に変化を加速させただけだ。

今の日本は、第二次世界大戦時下を反復しているとしか思えず、あれほどの大事件だった東日本大震災の経験も生かせていない。私たちのこの反省の活かせなさ、緊急事態という非日常を日常と呼び替える反論理がまかりとおることには、絶望しかない。しかしその一方で、そんなことにはお構いなしに、疫災が過ぎても、私たちは元どおりには戻れず、新たな現実を迎えることになるだろう。しかし、その変化を予測することにぼくは興味がない。どうなろうと、上に書いたように、ぼくのところでやることの本質は変わらないし、できあがるくうきの本質も変わらないだろう。

あとがき

２０００年くらいから、「くうき」という言葉を使うようになった。２０００年と言えば、春に、ギャラリー・間で展覧会をやらせてもらった年。それを機会に少しばかり立ち止まって、それまで自分が建築を設計するときに目指しているものはなんだったのか考えてみて行き着いたのが、「その場の質」あるいは「くうき」だったのである。

どんな空間にもそれを体験するときに得られる特有の感覚がある。空間をつくりだす物質が、どんな分量で、どんな配置として置かれているか。それによって、空間はその場の質を獲得している。工場には工場の、倉庫には倉庫の、オフィスにはオフィスの質、あるいは「くうき」があり、東京には東京の、京都には京都の、バンコクにはバンコクの、パリにはパリのくうきがある。私たちは、そんな特有のくうきを吸い込むことで、空間から確実にある感覚を受け取る。

であれば、空間を設計するという行ないは、ひっつめて言えば、いまそこにある空間を、ある特定のくうきをもった空間に向けて再編すること、と言えるだろう。物質を少しでも変えればくうきは変わる。配置を変えても変わる。くうきをつくっているのは、その空間を支えている構成であり、そのプロポーションやスケールであり、また素材であり、物質としてのその扱われ方であり、その大きさや厚みであり、納まりの仕方である。それらが互いに関係しあいながら、空間全体のくうきが生みだされている。そのどれひとつ欠くことなく、そのどれもが同じくらいに大切。それらの微細な変化を敏感に感知することができてはじめて、くうきを操縦することができる。

しかしこのくうき、感じることはできるが、言語化することはできない。だからどんなくうきをつくろうとしているのかを、設計に先立って言い表すことはできない。くうきが確定するのは設計が終わるのと同時で、うまく設計できてはじめて、望んでいたくうきが得られる。いや、それでは話が逆で、まさにこのくうきがほしかったと思える結果に至って、設計はうまくいったと言うことができる、という具合なのである。くうきの醸成法はかように微妙で、ほとんど奇跡を起こすようなもの。2000年の展覧会では、この行ないを指して、Atmosphericsと呼んでみた。

Atmosphericsを Cambridge Dictionaryで引いてみれば、「たとえば雷によって引き起こされる大気の異常な状況のこと、あるいはそういう状況においてラジオが発する連続的かつ短く鋭いノイズ」とあって、上の意味はない。でも、物理学をPhysicsと言うように、くうき学をAtmosphericsと呼んでもよいのでは、と無理を承知で使ってみたのだった。ちょうど、その頃、ロッテルダムのNAi（オランダ建築協会）でワークショップをやることになったので、

Atmosphericsのこの新しい意味が通用するものかどうか試す絶好の機会と、これをテーマに選んでみたところ、参加した学生の多くは、単純に雰囲気をつくること、と理解するばかりだった。私としてはなにも、ムードが大事、と言いたかったわけではなかったのだが。こうして、この造語は、空振りに終わったのだった。

にもかかわらず、くうきという言葉をその後も使うようになったのは、その言葉を持ち込むことで、つくるということの実態を、「表現」という言葉に集約される理解の仕方ではなく説明できるように感じてきたからだ。

建築に限らない。つくるということは、なにかを表現するということではない、と私は考える。もしそうなら、その「なにか」が伝わりさえすれば、つくられたものの用は終わる。しかし少なくとも私の場合、「なにか」を発見する瞬間にやっと生きていると実感をもてるからつくる。「なにか」をはっきりとさせたいからこそ「つくる」という順番なのである。「なにか」は言葉で言えない。それはつくられたものの総体だからだ。それを「くうき」と呼ぶことにする。それが、「くうき」という言葉が出てきた顛末である。

本書では、2019年以降さまざまな機会に書いたもののうち、建築を主題としたテキストを集めて収録している。ちょうど、西澤徹夫さんと一緒に取り組んでいた京都市美術館が完成間近になって、思いがけない依頼からその館長に就任することになったのと同時に、東京藝術大学で教えることになった時期にあたる。もともと設計の仕事以外はしないと決めていたのが、還暦を迎え、「おまけ」の年月に入ったのだからと、今までしなかったことをやってみようと、後先考えずに飛び込んだのだった。それで視野が広くなったのかどうかは、読者の判断にお任せするところです。

今回も、一人一人のお名前を挙げることはできませんが、さまざまな文章を書くよう促してくださった多くの方々、相談に乗ってくれた方々に、心からのお礼を申し上げます。王国社の山岸久夫さんには、文章の選定、本書の構成など、今回もいろいろな面でお世話になりました。どうもありがとうございました。

二〇二四年四月　東京にて

青木淳

初出一覧

- 継ぎ目がないのに切れている（「新建築」2020年5月）
- 像を重ねること（「文學界」2019年1月）
- 青木淳は京都市京セラ美術館をどこに導くのか（「美術手帖」ウエブ版2019年12月）
- 再生されたミュージアム巡礼（テート・モダン　ディア・ビーコン　大英博物館　ブルス・ドゥ・コメルス　パレ・ド・トーキョー　ルイジアナ美術館　藤村記念館　東京ステーションギャラリー　弘前れんが倉庫美術館　京都市京セラ美術館）（「日経新聞」2023年2月17日、20日、21日、23日、27日、28日、3月1日、2日、3日、6日）
- ヴァンスの白昼夢（「芸術新潮」2023年6月）
- 東京物語（映画に思う「水の都」艀の時代　愛の往来 裏木戸の存在　うねる大通り 東京のリアル　建物の外観 だれのもの　災害の光景 日頃から想像する　文化交差の渋谷「谷底」の特性　代々木公園 景の無限パズル）（「読売新聞」2020年4月19日、5月17日、6月7日、7月5日、8月2日、8月30日、9月20日）
- 銀座という層の重なり（「銀座百点」2021年3月）
- 表層は建築になり得るか（「新建築」2021年4月）
- たかが表層、されど表層（「新建築」同）
- ガラスによる帆のような柔らかさの実現（「新建築」同）
- 愚鈍に惑う（「住宅特集」2020年1月）
- テンポラリーなリノベーション（青木淳退任記念展ハングアウト、2023年11月）
- 環境に働きかけるということ—藝大青木淳研究室の歩み（青木淳退任記念展チラシ、2023年11月）
- 見知った世界が見知らぬ世界に変貌する瞬間（「新建築」2024年1月）
- 藝大陳列館について（「新建築」同）
- 原っぱの行方（『アナザーユートピア』NTT出版2019年3月所収）
- 立原道造の「建築体験」（「高原文庫」第35号 軽井沢高原文庫2020年7月20日）
- 純粋な言語遊戯、それをインテリアと言う（「現代思想」2020年3月臨時増刊号）
- 磯崎新から引き継いだこと、断ち切ろうとしたこと（『これからの建築理論』東大出版会 2014年12月所収）
- 先行モデルがないときに線を引く（「読売新聞」2023年1月3日）
- 須賀敦子のくうき（『半麦ハット』盆地エディション2020年9月）
- 表現領域の極小化への道—千葉 学の建築（「ja」2019 AUTUMN）
- 「建築展」ではなく「上映会」として—中山英之の建築（「美術手帖」ウエブ版2019年7月）
- 釜石市立唐丹小学校／唐丹中学校／唐丹児童館—乾久美子の建築（「10+1」website 2019年8月）
- 地下鉄駅の劇場性について（1 舞台と客席について—都営三田線「板橋区役所前」駅　2 色とシークエンスについて—都営大江戸線「六本木」駅　3 交錯する都市の線—都営浅草線「東銀座」駅　4 美しく空っぽな空間—都営新宿線「馬喰横山」駅）（「PROJECT TOEI」2018年3月2日、4月9日、4月23日、2019年3月28日）
- 公共ってなんだろう（「都営のココロ」2019年3月）
- くうきの本質（「住宅特集」2020年5月）

青木 淳（あおき じゅん）

1956年神奈川県生まれ。80年東京大学工学部建築学科卒業。82年同大学院修士課程修了。83～90年磯崎新アトリエに勤務。91年青木淳建築計画事務所設立（現在はASに改組）。
作品　「馬見原橋」（くまもと景観賞）、「潟博物館」（日本建築学会賞作品賞）、「雪のまちみらい館」、「LOUIS VUITTON NAGOYA」、「ルイ・ヴィトン表参道」、「ルイ・ヴィトン・ニューヨーク」、「青森県立美術館」、「白い教会」、「SIA青山ビルディング」、「杉並区大宮前体育館」、「三次市民ホールきりり」、「京都市京セラ美術館」（改修設計）（日本建築学会賞作品賞）、「H」、「S」（吉岡賞）、「O」、「B」、「L」、「C」、「i」、「G」、「A」、「J」、「N」、「X」他。
著書　『青木 淳 Atmospherics』（TOTO出版）。『住宅論―12のダイアローグ』『青木 淳 COMPLETE WORKS｜1｜1991-2004』『青木 淳 COMPLETE WORKS｜2｜AOMORI MUSEUM OF ART』『青木 淳 COMPLETE WORKS｜3｜2005-2014』（LIXIL出版）。『建築文化シナジー 青木 淳 1991-1999』（彰国社）。『原っぱと遊園地』『原っぱと遊園地2』（王国社）。『青木淳｜ノートブック』（平凡社）。『フラジャイル・コンセプト』（NTT出版）他。

くうきをつくる

2024年 5月30日　初版発行

著　者——青木 淳　
発行者——山岸久夫
発行所——王 国 社
〒270-0002 千葉県松戸市平賀152-8
tel 047（347）0952　　fax 047（347）0954
https://www.okokusha.com
印刷　三美印刷　　製本　小泉製本
装幀・構成——水野哲也（watermark）

ISBN 978-4-86073-077-2　*Printed in Japan*

王国社の建築書

書名	著者	内容	価格
原っぱと遊園地	青木　淳	人が動くことで中身が作られる建築。注目の建築論集。	2000
原っぱと遊園地2	青木　淳	原っぱ的な空間の質の実現。『原っぱと遊園地』の続編。	2000
建築について話してみよう	西沢立衛	価値観や生き方が「建物の使い方」に強く現れること。	1900
続・建築について話してみよう	西沢立衛	新しい「環境」をつくる―進境著しい成果が凝集する。	1900
人の集まり方をデザインする	千葉　学	建築の設計において最初に問うべきテーマを考察する。	1850
人を動かす設計術	香山壽夫	人と人をつなぎ、時と時を結びつける建築とは何か。	1850
構造デザイン講義	内藤　廣	建築と土木に通底するもの。東京大学における講義集成。	1900
環境デザイン講義	内藤　廣	東京大学講義集成第二弾―環境を身体経験から捉える。	1900
形態デザイン講義	内藤　廣	東京大学講義集成第三弾―使われ続ける形態とは何か。	1900

数字は本体価格です。